CHAQUE PIÈCE, 20 CENTIMES.
578e ET 579e LIVRAISONS.

THÉATRE CONTEMPORAIN ILLUSTRÉ

MICHEL LÉVY FRÈRES, ÉDITEURS,
RUE VIVIENNE, 2 BIS.

LA BOUQUETIÈRE DES INNOCENTS

DRAME EN CINQ ACTES ET ONZE TABLEAUX

PAR

MM. ANICET BOURGEOIS ET FERDINAND DUGUÉ

REPRÉSENTÉ POUR LA PREMIÈRE FOIS, A PARIS, SUR LE THÉATRE DE L'AMBIGU-COMIQUE, LE 15 JANVIER 1862.

DISTRIBUTION DE LA PIÈCE :

HENRI IV	MM. OMER.	LE PÈRE TRANQUILLE	MM. GUILLOT.
HENRIOT	PAUL BONDOIS.	UN PAYSAN	DUCLOS.
JACQUES BONHOMME	CHARLES PEREY.	VILLARS	GAY.
CONCINI	FAILLE.	UN HÉRAUT D'ARMES	GUSTAVE.
VITRY	DORNAY.	MARGOT, LA MARÉCHALE D'ANCRE.	Mmes LAURENT.
BASSOMPIERRE	RÉGNIER.	MARIE DE MÉDICIS	BLANCHARD.
TAVANNE	RICHER.	LOUIS XIII	JANE ESSLER.
DRAPIER	BERRET.	MARIE CONCINI	DEFODON.
BARBET	HOSTER.	GLORIETTE	SAVARY.
COURTOIS	COURTÈS.	LE PETIT DAUPHIN	La petite EUGÉNIE.
SOUVRÉ	VAILLANT.	MÈRE CAMUSOT	CLÉMENTINE.
L'INCONNU	LAVERGNE.	UN PAGE	STAINVILLE.
LE CHEF DE PATROUILLE	DÉSORMES.	SEIGNEURS, DAMES, PEUPLE, SOLDATS, PAGES, ETC.	
D'ÉPERNON	JULES.		

La scène se passe à Paris, en 1610 et 1616.

PROLOGUE

PREMIER TABLEAU

LES PILIERS DES HALLES

A droite et à gauche, maisons à piliers, praticables toutes deux. — Au fond, le carreau des halles et Saint-Eustache en perspective. — La maison, à droite, a ses volets ouverts; on voit briller la lumière par la fenêtre.

SCÈNE PREMIÈRE.

CONCINI, UN INCONNU.

(Il fait nuit encore; un homme enveloppé d'un manteau, et le visage couvert par un masque de velours, se promène silencieusement sous les piliers de gauche, semble attendre quelqu'un; quatre heures sonnent à Saint-Eustache

CONCINI. Quatre heures... et personne encore! (Il se promène; s'arrêtant et regardant au deuxième plan, à droite.) Ah! quelqu'un marche dans cette rue. C'est un cavalier; je distingue le bruit de ses éperons résonnant sur le pavé. (De la droite arrive un homme, les vêtements en désordre et gris de poussière, les bottes tachées de boue. A l'aspect de Concini, qui sort de dessous les piliers et regarde le nouveau venu, celui-ci s'arrête et semble attendre à son tour. — Allant au cavalier.) Saint Barthélemy!

LE CAVALIER. Angoulême!...

CONCINI, montrant une médaille brisée qu'il tire de sa bourse. Vous devez avoir à me présenter l'autre moitié de cette médaille...

LE CAVALIER, la lui présentant. La voici.

CONCINI, qui a regardé à la lueur qui brille à la fenêtre de Jacques. Bien! vous êtes l'homme qu'on m'avait annoncé...

LE CAVALIER, regardant derrière lui. Je crains d'avoir été suivi.

CONCINI. Il ne faut pas alors garder ce costume. Je ne puis vous conduire chez moi... mais... (Regardant l'enseigne de Jacques Bonhomme, marchand fripier-cordonnier.) Nous trouverons là ce qu'il vous faut. (Il frappe à la porte.)

SCÈNE II.

LES MÊMES, JACQUES.

JACQUES, en dedans. Qui va là?

CONCINI. Ami.

JACQUES, ouvrant la fenêtre. Voilà, voilà! Peste! mon gentilhomme... il est bien tard ou bien tôt pour se promener par les rues de notre bonne ville de Paris!

CONCINI. Bien tôt?... N'es-tu pas déjà levé?

JACQUES. Je ne me suis pas couché; j'ai passé la nuit pour finir des amours de souliers qui iront comme des gants à Margot, la fleur des halles.

CONCINI. Margot?

JACQUES. Une belle fille, allez. Je ne connais rien de mieux que Margot, pas même notre reine Marie de Médicis, que le roi Henri a fait sacrer et couronner hier à Saint-Denis!

CONCINI. Trêve de verbiage... Il me faut un habillement complet pour cet ami, qui arrive à franc étrier de sa province, et qui ne peut se présenter chez ses protecteurs avec cet habit de voyage. Tu es fripier, compose-lui vite un costume; on te payera bien, et comptant.

JACQUES, sortant de sa maison. Comptant!... Entrez, mes gentilshommes, et Dieu vous bénisse pour me faire commencer si bien ma journée! (Ils entrent tous trois chez Jacques, qui referme sa porte.)

SCÈNE III.

VITRY, SOLDATS DE LA GARDE BOURGEOISE.

(Vitry arrivant de la gauche, et la patrouille de la garde bourgeoise arrivant par la ruelle à droite.)

LE CHEF DE PATROUILLE. Qui vive?

VITRY. Capitaine des gardes du roi.

LE CHEF. Joie et prospérité à M. de Vitry!

VITRY. Pardieu! messieurs de la garde bourgeoise, vous faites bonne guette, à ce que je vois.

LE CHEF. Nous suivons une piste.

VITRY. Celle de quelque coupeur de bourse?

LE CHEF. Non... celle d'un cavalier qui, arrivant par la barrière du Midi, a refusé de répondre au veilleur de nuit, et s'est mis à piquer des deux si fort, que sa monture s'est abattue. Le cavalier s'est prestement relevé... puis, voyant qu'on venait à lui... il s'est mis à courir, sans plus s'inquiéter de son cheval que s'il était mort... On s'est facilement emparé du cheval... mais on n'a pu retrouver encore la trace de l'homme.

VITRY. Je n'ai, pour ma part, rencontré personne en venant du Louvre ici. Mais, si vous m'en croyez, vous fouillerez soigneusement ces vieux piliers des halles.

LE CHEF. Il sera fait ainsi que vous le dites. Dieu vous garde, monsieur le capitaine!

VITRY. Dieu vous conduise, messieurs de la garde bourgeoise! (La patrouille disparaît à gauche.)

SCÈNE IV.

VITRY, seul. Ces bonnes gens ne trouveront rien; la ville de Paris comptera un voleur de plus, peut-être même un assassin. Et le roi sort la nuit du Louvre sans suite et sans garde, courant les aventures comme il faisait à vingt ans, sans prendre plus de souci d'une attaque possible en route que d'une querelle certaine au retour. Marie de Médicis, trop justement jalouse, et le sachant encore cette nuit hors du palais, m'a fait appeler et m'a dit: « Capitaine, vous êtes dévoué à notre personne, cherchez, trouvez le roi. » J'ai mis tous mes hommes en quête... et je cours moi-même chez Zamet. Je ne veux trahir ni livrer aucun des secrets de Sa Majesté; mais je veux, je dois veiller sur elle partout et toujours. Allons... (Au moment de s'éloigner, Vitry voit s'ouvrir la porte de Jacques. Concini sort le premier de sa maison. — A part.) Un homme masqué!

CONCINI, regardant autour de lui. Assurons-nous bien!...

VITRY, s'éloignant. Pardieu! si je n'avais pas vu tout à l'heure M. de Concini au Louvre, je parierais que ce gentilhomme qui est si matinal, et qui a le visage si bien couvert, est Concini en personne. (Il sort à droite.)

SCÈNE V.

CONCINI, LE CAVALIER.

CONCINI, qui a regardé dans la rue, revenant à la maison. Vous pouvez sortir. (Le cavalier sort complétement transformé.)

CONCINI. Gagnez maintenant le logis que je vous ai fait retenir. (A part.) Quoi qu'il arrive, rien à craindre de cet homme... Je le connais, mais il ne me connaît pas.

LE CAVALIER. Redites-moi le nom de la rue que vous m'avez indiquée.

CONCINI. Rue de la Ferronnerie.

LE CAVALIER. Bien. Au revoir!

CONCINI. Adieu! (Ils se séparent, Concini sortant par le fond, et le cavalier à gauche; deuxième plan; mais Concini disparaît le premier. Le cavalier, au moment de tourner le coin de la rue, s'arrête. La patrouille, revenant sur ses pas, lui barre le passage. Il se cache derrière un pilier. La patrouille passe et disparaît par le deuxième plan, à droite. Le cavalier s'éloigne par la rue à gauche.)

SCÈNE VI.

JACQUES, puis DEUX GENTILSHOMMES, enveloppés dans leurs manteaux et dont les visages sont cachés sous leurs chapeaux rabattus.

JACQUES, sortant tout effaré de chez lui. Hé! dites donc, l'homme au masque, au lieu de six ducats convenus, vous ne m'en avez donné que cinq, plus la moitié d'un vieux jeton... Qu'est-ce que vous voulez que je fasse de ça?.. Il me faut mon prix tout entier! Eh bien!... plus personne!... Oh! il ne peut pas être loin, et je ne me laisserai pas voler. (Après avoir hésité à courir à droite ou à gauche, il se décide pour la droite et va se heurter contre le premier des deux gentilshommes qui viennent de déboucher de la rue à droite. Saisissant le bras du gentilhomme.) Ah!... je vous tiens!... Mon argent... s'il vous plaît, et tout de suite!

HENRI, le premier gentilhomme. Ah! ventre-saint-gris! je n'ai pas d'argent à vous, l'ami.

BASSOMPIERRE, le deuxième gentilhomme. Arrière, manant, arrière! (Il repousse rudement Jacques.)

HENRI. Tout beau! pas de bruit!... Ce garçon me prend pour un autre; on n'est pas bien éveillé.

JACQUES. C'est juste, je me trompais; ce n'est pas la voix de tout à l'heure... Vous n'êtes pas mon voleur... Oh! mais je le retrouverai; oui, je le retrouverai. (Il sort en courant par le fond.)

HENRI. Il paraît qu'il n'y a pas que des honnêtes gens dans mon royaume.

BASSOMPIERRE. Aussi, pouvions-nous rencontrer pire aventure.

HENRI. Nous sommes aux piliers des halles?

BASSOMPIERRE. Oui, sire.

HENRI. Oh! je me reconnais, je me reconnais très-bien.

BASSOMPIERRE. Nous avons pu sortir du Louvre sans être vus; mais pour que la reine ne soupçonne rien... il faut que Votre Majesté rentre avant le jour. (Henri, tout occupé d'examiner les maisons qui l'entourent, n'écoute pas Bassompierre.)

HENRI, regardant la maison, troisième plan à gauche, et formant encoignure. Je ne me trompe pas... voilà bien la maison.

BASSOMPIERRE, qui avait déjà fait quelques pas, s'arrête en voyant le roi rester en place. Ne venez-vous pas, sire?...

HENRI. Attends! attends!

BASSOMPIERRE. Que faites-vous donc, sire?

HENRI, regardant toujours la maison. Je remonte dans mon passé... Je retrouve là un souvenir de ma jeunesse. Je n'étais que roi de Navarre... alors... un bien pauvre roi!... J'ai aimé dans cette maison une petite bourgeoise. Elle a bien pleuré quand je dus fuir... comme un proscrit!... Ingrat que je suis... je l'ai oubliée dans ma prospérité! Chère Martine!... Elle ne me demandait ni duchés, ni marquisats... elle ne vendait pas son honneur contre une dignité... elle ne m'aurait pas trompé, trahi, même pour un prince de Condé. Elle est morte sans doute... ou tout au moins elle n'est plus là... Tiens, Bassompierre, vois-tu cette petite fenêtre... c'était la fenêtre de sa chambre. Quand elle m'attendait et pour me dire qu'elle était seule, elle faisait briller le soir une lumière derrière les rideaux blancs. (Une lumière brille.) Quand je tardais, cette fenêtre s'ouvrait. (La fenêtre s'ouvre.) Une main passait. (Une main passe.) Ventre-saint-gris!... ai-je donc vingt-cinq ans de moins?

BASSOMPIERRE. La chambre est habitée par quelque ouvrière matinale qui n'attend pas le jour pour se mettre au travail; et comme le temps menace, cette main voulait simplement dire: Pleut-il? Venez, sire, que la reine ne sache pas...

HENRI. Frappe à cette porte et demande qui demeure là... je le veux.

BASSOMPIERRE. J'obéis. (En se dirigeant vers la petite porte bâtarde, il se heurte dans l'obscurité contre le tonneau de la marchande de fleurs; un en sortant de ce tonneau arrête Bassompierre.) Y a-t-il donc quelqu'un là-dedans?

UNE VOIX DE FEMME. N'entrez pas, sainte Vierge, n'entrez pas! (Le jour commence à poindre.)

HENRI. Une voix de femme!

SCÈNE VII.

HENRI, BASSOMPIERRE, MARGOT.

MARGOT, se frottant les yeux. Tiens! je suis dans ma boutique. Je me croyais dans ma chambre et dans mon lit.

BASSOMPIERRE. Cette femme pourra donner à Votre Majesté les renseignements qu'elle désire. (Haut.) Avancez, commère.

MARGOT, sortant de son tonneau. Si c'est des fleurs que vous voulez, mon magasin n'est pas encore ouvert.

BASSOMPIERRE. Est-ce que ce tonneau est votre gîte ordinaire, ma belle?

MARGOT. Oh! non-da!... Voilà ce qui m'est arrivé : hier au soir, avant de monter chez moi, je suis entrée à Saint-Eustache pour faire mes dévotions à la chapelle de la Vierge... Je me suis attardée, si bien que le sacristain m'est venu signifier qu'il était temps d'aller dormir... Je suis donc partie; mais, arrivée chez moi, je n'ai plus trouvé ma clef dans ma poche. Je l'avais perdue en courant trop fort, sans doute; je ne voulais pas réveiller ma voisine... ma foi, je n'en ai fait ni une ni deux... Au mois de mai, les nuits ne sont ni froides ni longues, je suis venue me blottir dans mon tonneau, et j'y dormais comme une bienheureuse...

HENRI. En rêvant à ton amoureux.

MARGOT. Ma foi, non!... aussi vrai que je m'appelle Margot Trocanas.

HENRI. Hein! Margot Trocanas?... Vous êtes du Béarn?

MARGOT. Oui-da... et je m'en vante.

HENRI. Fille de Valentin Trocanas et de Mariette Salvignat?

MARGOT. Oui, vraiment... Oh! vous devez être du pays, vous?

HENRI. Comment, Margot, tu es venue à Paris... et ton parrain n'en a rien su?

MARGOT. Vous connaissez aussi mon parrain?

HENRI. Un peu.

MARGOT. Si je me souviens encore de lui, je gagerais que lui ne se souvient plus de moi... Depuis que je suis grande fille et sur le carreau des halles... j'ai bien eu quelquefois envie de lui faire écrire quelque beau compliment... mais je me suis dit : « Il croira que c'est par intérêt, que je veux lui demander quelque chose. » Alors, je me suis contentée de dire tous les matins un *Avè* pour madame Marguerite de Navarre, ma marraine; un *Pater* pour mon parrain, le roi de France, et je viens vendre mes fleurs au marché des Innocents... Le commerce ne va pas mal; la santé va encore mieux, et je baillerais volontiers ma foi que je suis plus heureuse dans mon vilain tonneau que Sa Majesté, mon parrain, dans son beau Louvre.

HENRI. Brave fille!

MARGOT. Ne dites à personne que je suis aussi bien filleulée que ça. Les camarades me demanderaient ma protection, et je ne veux ennuyer mon parrain ni pour moi, ni pour les autres. Ah! bon! voilà qu'il pleut!

BASSOMPIERRE. Rentrez, sire.

HENRI. Pardieu! j'ai là un abri tout trouvé. (Il se met dans le tonneau.) Tu permets, n'est-ce pas, Margot?... Il y a, d'ailleurs, place pour deux.

MARGOT. Ah! par exemple!

HENRI. Allons, viens!

MARGOT. Oh! je n'oserai jamais... (Entrant aussi dans le tonneau.) Tiens! c'est vrai, on y tient deux!

HENRI. Voyons... je veux donner de tes nouvelles à ton parrain, d'abord. Et quoi que tu nous en aies dit, tu dois avoir des amoureux.

MARGOT. Des amoureux... non. J'en ai un, et il n'y a pas de quoi se vanter... un qui n'est ni jeune, ni beau, ni spirituel.

HENRI. Et pourtant, tu l'aimes?

MARGOT. Pas du tout... Et dire que je finirai par l'épouser!

HENRI. Je comprends... ce mariage-là sera une bonne affaire?

MARGOT. Non... ça sera une bonne action, comme qui dirait une charité. Figurez-vous que Jacques Bonhomme est fou de moi depuis sept ans que je suis arrivée à Paris. Je ne sais pas trop pourquoi il m'aime tant que ça... S'il faisait jour, vous verriez que je ne suis pas belle du tout. J'ai refusé net du premier coup, puis j'ai mis notre mariage à des conditions impossibles.

HENRI. Lesquelles?

MARGOT. D'abord, que Jacques aurait une maîtrise... Il est maître cordonnier... Après ça qu'il aurait une maison à lui. Il n'avait pas le premier sou pour l'acheter... et la voilà... (Elle montre la maison de Jacques.) Enfin, ne sachant plus quoi trouver pour gagner du temps, j'ai déclaré à Jacques que je ne l'épouserais que si les Concini... les Florentins, comme on les appelle, tombaient en disgrâce; et comme ils sont plus en faveur que jamais... je suis bien tranquille.

HENRI. Tu n'aimes donc pas les Concini?

MARGOT, sortant du tonneau. Moi?... Ah! Dieu du ciel!

HENRI. Mais tu vas te mouiller!

MARGOT. Non, il ne pleut plus!... Ah! si j'avais là mon parrain, aussi bien que je vous ai, mon gentilhomme, j'en aurais long à lui dire, et ça au nom de toute la halle.

HENRI. Pardieu! je suis curieux de t'entendre parler politique.

MARGOT. Ah! c'est qu'il y a une bonne tête sous ma cornette. Tenez, supposons que mon tonneau c'est le Louvre, et que vous êtes le sire roi, mon parrain.

HENRI. Eh bien, oui, supposons...

MARGOT. D'abord, je vous ferais une belle révérence. Le cœur me battrait bien un peu; mais bah! Notre Henri, c'est notre roi, à nous, un diable à quatre, comme on dit, mais un bon diable. Et là-dessus je lui dirais : « Mon parrain, ça n'est pas ça. On n'est pas content du tout. La reine Marie de Médicis est une digne femme, et vous lui faites voir toutes les couleurs de l'arc-en-ciel, malgré votre barbe grise. On la plaint, cette brave reine. Mais elle a amené avec elle une engeance de grugeurs, d'intrigants étrangers qui volent le peuple et qui trompent le roi. Si vous ne mettez pas la griffe du lion dans leurs toiles d'araignées, ces gens-là, qui sont achetés par l'Espagne, finiront par lui vendre la France. Voilà ce qu'on pense à la halle, et chez nous, on dit ce qu'on pense... Donc, avant de partir pour votre grande guerre, faites place nette au logis... Mettez les Florentins à la porte du pays, et poussez bien le verrou pour qu'ils ne puissent pas rentrer. Si vous faites ça, mon parrain, la halle sera contente... Et Jacques Bonhomme, que je serai forcée d'épouser, criera plus fort que tous les autres : Vive le roi! »

BASSOMPIERRE, bas. Sire, voici le jour... par grâce, rentrons au Louvre.

HENRI, se levant. Allons! (Il regarde encore la maison et la petite fenêtre. Pendant ce temps, Bassompierre regarde plus attentivement Margot.)

MARGOT, à part. Tiens! il s'en va, le gentilhomme!

BASSOMPIERRE. Voilà qui est étrange! (Bas au roi.) Regardez donc cette fille, sire.

MARGOT. Pourquoi donc que vous me dévisagez comme ça tous les deux?

HENRI. Parce que tu nous prouves, Margot, qu'une bonne et jolie fille peut ressembler à une laide et méchante femme.

MARGOT. Ah! vous allez me dire aussi, vous, que j'ai le museau de la Florentine.

BASSOMPIERRE. C'est tout à fait elle?

MARGOT. Merci bien!... Comment, je suis si laide que ça?

HENRI. Non; les traits sont ceux de la Galigaï... mais sa figure déplaît, et la tienne est tout à fait plaisante... son regard et son sourire sont faux et sinistres, ton regard et ton sourire, à toi, sont francs et joyeux; enfin, je suis sûr de détester la Galigaï, et je crois que je t'aime déjà, Margot.

MARGOT. Vous êtes bien honnête.

BASSOMPIERRE, bas et insistant. Sire.

HENRI. Je pars. (Haut.) Margot, tu connais cette maison?

MARGOT. Je crois bien... j'y loge.

HENRI. A quel étage?

MARGOT. Au dernier... et, tenez, voilà mon magasin, c'est-à-dire, la terrasse où mes fleurs prennent le frais.

HENRI. Qui habite là... dans cette chambre au-dessous de la tienne?

MARGOT. Là? c'est Henriot.

HENRI, désappointé. Henriot!

MARGOT. Oui... un digne jeune homme, un imagier.

HENRI, soupirant. Allons, il ne reste plus rien là du passé.

BASSOMPIERRE. Un barbouilleur d'enseignes.

MARGOT. Henriot... un barbouilleur!... mais c'est un vrai peintre, entendez-vous? Il a fait un portrait du roi que nous admirons tous... On dirait qu'il va parler.

HENRI, se retournant. Vraiment!... (Le jour, qui est tout à fait venu, éclaire en plein son visage.)

MARGOT, le regardant. Ah! grand Dieu!

HENRI. Qu'as-tu donc?

MARGOT. Oh! à présent qu'il fait grand jour... je vous vois; et le portrait du roi... le portrait... d'Henriot... C'est vous, vous, mon parrain!... Vive le Roi!...

VITRY, qui était arrivé du fond et s'était arrêté en reconnaissant le roi, s'avance vivement. Taisez-vous, bavarde.

MARGOT, surprise. Oh! il m'a fait peur, celui-là!

HENRI, sévèrement. Encore vous, monsieur de Vitry! Décidément, pour un gentilhomme, vous faites un vilain métier.

VITRY. Sire.

HENRI. Allons, la reine, ma femme, doit être contente de vous. Adieu, Margot!... A propos, tu peux commander ta robe de noce.

MARGOT. Vous dites?...

HENRI. Je dis que je ferai ce que veut mon bon peuple de Paris... Et tu n'auras plus le droit de laisser languir plus longtemps ce pauvre Jacques Bonhomme. Les Concini seront chassés de France.

MARGOT. Vrai? Alors, cette fois, faudra dire : Oui!

HENRI. Viens au Louvre ce matin.

MARGOT. Moi!

HENRI. Je t'y recevrai sans façons, comme tu m'as reçu dans ton tonneau. Tu m'amèneras ton futur. En ma qualité de parrain, je te dois un cadeau de noce.

MARGOT. Puisque vous m'invitez, mon parrain, j'irai pour sûr chez vous; mais vos portiers ne me laisseront pas entrer.

HENRI. Tu demanderas M. de Bassompierre, qui t'amènera à moi. Je me sauve! Tu serais cause... vois-tu, d'une grosse querelle de ménage. (A Bassompierre.) Elle est charmante, ma filleule. (Haut.) A tantôt!

MARGOT. Vive le...

VITRY. Taisez-vous donc.

MARGOT. Vive mon parrain!... La! est-il ennuyeux celui-là! (Henri et Bassompierre sortent par la gauche.)

SCÈNE VIII.

MARGOT, puis JACQUES et GENS DE LA HALLE.

MARGOT. Voilà un roi qui n'est pas fier!... Oh! mais c'est l'heure de faire mon étalage. (Pendant ces quelques mots, la halle s'est garnie de monde. Les boutiques s'ouvrent. Les chalands arrivent. Une petite charrette à bras chargée de fleurs arrive par la droite.) Et justement voilà ma provision qui m'arrive de Vincennes. (Elle aide à décharger la charrette.)

UNE FEMME DE LA HALLE. Bonjour, Margot!

MARGOT. Bonjour, mère Camusot!

LA FEMME DE LA HALLE. Tu sais l'honneur qui t'arrive?

MARGOT. Ma foi, non!

LA FEMME DE LA HALLE. Le carreau des halles ayant décidé qu'un bouquet sera porté aujourd'hui à la reine Marie de Médicis à l'occasion du sacre et couronnement d'hier, il a été dit que tu ferais le bouquet, que tu le présenterais à Sa Majesté, et qu'enfin tu porterais la parole.

MARGOT. V'là ben des choses à faire. Bah! on s'en tirera.

LA FEMME DE LA HALLE. Les dames de la halle, les forts et les charbonniers enverront une députation pour te prendre, toi, ton bouquet et ton compliment.

MARGOT. De plus, faudra offrir à la reine le portrait de son mari, peint par Henriot; et de plus encore, moi, je présenterai le peintre à mon parrain.

LA FEMME DE LA HALLE. Qui c'est, ton parrain?

MARGOT, au commissionnaire qui conduisait la charrette. Père Cloquet, montez donc chez Henriot, et dites-lui qu'il descende de suite, qu'on a à lui parler. (Le commissionnaire entre dans la maison.)

JACQUES, entrant tout essoufflé. Impossible de mettre la main dessus mon homme; il faut qu'il soit rentré sous terre.

LA FEMME DE LA HALLE. Quoi donc que vous avez, mon petit Jacques?

JACQUES. J'ai qu'on m'a volé.

TOUS. Volé!...

JACQUES. Ma journée commence mal.

MARGOT, faisant le bouquet. Elle finira peut-être bien.

JACQUES. Ah! c'est vous, Margot? déjà à l'ouvrage? Bonjour, Margot!

MARGOT. Bonjour, maître Jacques!... Ça va bien?

JACQUES. Oui, oui, très-bien!... depuis que je vous regarde. (Bas, à la femme de la halle.) Elle est belle, madame Camusot, elle est belle! Des cheveux noirs comme des plumes de corbeau... un teint doré comme une orange... et des yeux... des yeux qui brillent à eux tout seuls comme tous les diamants de la couronne ensemble... Tenez! mère Camusot, avec ces yeux-là, elle m'a brûlé le cœur!

LA FEMME DE LA HALLE. Et tourné la cervelle... Est-il pris, ce pauvre Jacques Bonhomme!... (Haut.) Tu peux te vanter, Margot, d'être aimée... la! solidement!

MARGOT, haut. Je le sais; mais je ne m'en vante pas.

JACQUES. Oh! méchante! vous aurez beau me tarabuster, vous n'userez pas plus mon amour que ma patience!... Voilà sept ans, trois mois et dix-sept jours que je soupire!...

MARGOT. Et dix-sept jours?...

JACQUES. Oh! je les ai bien comptés!... Ça finira par vous lasser, et, un beau jour, pour vous débarrasser de moi, eh ben! vous m'épouserez... Oui, je suis sûr que vous serez madame Jacques Bonhomme.

MARGOT. Je ne dis pas non.

JACQUES. C'est toujours ça!

LA FEMME DE LA HALLE. Malheureusement, maître Jacques, les Concini sont plus en faveur que jamais.

JACQUES. Bah!

MARGOT. Qu'est-ce qui vous a dit ça, mère Camusot?

LA FEMME DE LA HALLE. Personne! mais j'ai vu passer, hier, une chaise à porteurs toute d'or que la reine envoyait à sa favorite, à son âme damnée de Florentine. Cette princesse-là ne peut plus aller à pied!

MARGOT. Tant mieux! elle s'en ira plus vite de chez nous!

JACQUES. Qu'est-ce que vous dites?

MARGOT. Je dis, maître Jacques, que, comme il n'y a qu'un Dieu, Margot n'a qu'une parole, et que vous serez mon mari.

JACQUES. Hein!

LA FEMME DE LA HALLE. Les Concini?

MARGOT. Mis à la porte!

JACQUES. Vrai?... bien vrai?... Oh! ne me donnez pas une fausse joie! Voilà sept ans que je me mine... oui, sept ans!

MARGOT, riant. Trois mois et dix-sept jours!

JACQUES. Hum! que de temps nous avons perdu!... Enfin, nous le rattraperons... Oh! Margot, ma petite Margot, tant pis! faut que je vous embrasse... c'est toujours ça de rattrapé.

MARGOT, le poussant gaiement. N'allez pas faire de ces folies-là devant mon parrain, à qui je vais vous présenter!

JACQUES. Oùs qu'il demeure votre parrain? c'est-y loin?

MARGOT. Non; tout près, au Louvre.

TOUS. Au Louvre!

MARGOT. C'est lui qui fait notre mariage, vu que c'est lui qui chasse les Concini.

JACQUES. Voilà un digne homme!... Mais qui est-ce que ça peut être, ce parrain-là?

TOUS. Oui, qui que c'est?

MARGOT. C'est Henri, roi de France et de Navarre; voilà ce que c'est.

TOUS. Le roi!

JACQUES. Vous êtes la filleule d'un roi?

MARGOT. Ça vous flatte, hein?

JACQUES. Je ne dis pas non... mais vous seriez la filleule d'un charbonnier, que je vous adorerais tout de même... Voyez-vous, Margot, je n'aime en vous que vous. Je ne pense qu'à une chose : c'est que vous allez être ma femme, ma petite femme à moi, à moi tout seul... Je ne peux pas encore y croire. Et puis, ce sera peut-être dans longtemps d'ici... Voyons! pour quand, Margot?... pour quand?

MARGOT. Pour demain, si les Concini partent ce soir.

JACQUES. Demain!... ce sera demain!... (Il chancelle.) Ce n'est pas possible!

MARGOT, riant. Est-ce que vous n'allez plus vouloir de moi, à présent?

JACQUES. Ah! Dieu! c'est trop de joie!... Ce mot de demain... ça m'a donné comme un coup sur la tête et dans le cœur; je ne voyais plus, je n'entendais plus!

MARGOT. Ah! mais ça vous rend trop heureux... Dites donc, n'allez pas en devenir fou!

JACQUES. Oh! non... c'est passé. Je vais m'habiller pour vous faire honneur. (Il sort.)

LA FEMME DE LA HALLE. Voilà Henriot!

SCÈNE IX.

LES MÊMES, HENRIOT, sortant de la maison à gauche.

HENRIOT. Qui m'a demandé?

MARGOT, faisant le bouquet. Moi, monsieur Henriot... Comment va la maman?

HENRIOT. Toujours d'une faiblesse qui m'effraye et me désespère.

MARGOT. Avec de bons soins, nous la remettrons; l'argent ne manquera plus chez vous, je vous ai trouvé un fameux protecteur. Allez vite chercher le portrait du roi, votre chef-d'œuvre. La halle va l'offrir à la reine, et moi je vas vous présenter à mon parrain.

HENRIOT. Je ne comprends pas...

MARGOT. Vous n'avez pas besoin de comprendre. Allez chercher le portrait et redescendez vite. Au retour, vous aurez, j'en suis sûre, de bonnes nouvelles à conter à la pauvre malade. (Henriot rentre.) La! voilà mon bouquet fini.

JACQUES, revenant. Il est superbe. Tout ce que vous faites est superbe, Margot. Je suis sûr que nous aurons des enfants superbes.

MARGOT. Taisez-vous donc! (Cris au dehors.)

MÈRE CAMUSOT. Ah! v'là la députation de la halle! Place! place! (La députation arrive en criant : Noël! Noël!)

LES DAMES DE LA HALLE, toutes ensemble. Bonjour, Margot! Tu sais que c'est toi qui parles pour nous!

MARGOT, riant. Vous ne vous en acquittez pourtant pas mal! Enfin, mon discours ne sera peut-être ni beau ni bien fait, mais voilà le bouquet!

TOUS. Bravo!

MARGOT. Oh! v'là qu'il pleut encore!... Cette pluie-là va gâter les fleurs et le portrait.

JACQUES. Non... j'ai une idée.

MARGOT. Dites-la vite.

JACQUES. Nous n'avons ni carrosses ni chaises dorées, nous autres; pourtant, ni l'orateuse, ni les fleurs, ni le portrait n'auront une goutte d'eau.

MARGOT. Voyons donc votre idée.

JACQUES, montrant le tonneau. La voilà mon idée.

MARGOT. Mon tonneau!

JACQUES. Il est bien couvert. Vous allez vous y placer, vous, les fleurs et le portrait. Les forts de la halle vous enlèveront comme une plume, et vous arriverez au Louvre ni plus ni moins qu'une princesse.

TOUS. Bien dit. (Henriot rentre avec la toile.)

MÈRE CAMUSOT. Voilà le portrait.

MARGOT. Et me voilà dans mon carrosse. Monsieur Henriot, mettez-vous à droite... monsieur Jacques, à gauche... mon parrain dessus mes genoux. (Aux forts.) Nous y sommes tous!

TOUS. Oui.

MARGOT. Alors, en marche!

TOUS. En marche!

HENRIOT. Où allons-nous?

MARGOT. Au Louvre.

TOUS. Au Louvre! (On se met en marche, les charbonniers en tête, les forts de la halle portent et entourant le tonneau, les dames de la halle derrière, et enfin une foule de bourgeois et d'ouvriers. Le cortège se dirige par le fond vers la droite. La tête du cortège et le tonneau ont déjà tourné l'encoignure et disparaissent un moment. Bientôt on entend crier dans la coulisse à gauche, au fond.) Place! place à la marquise!

UN BOURGEOIS. Qu'est-ce qu'il y a?...

LA FEMME DE LA HALLE. Il y a que les valets de la Concini veulent couper le cortège de Margot... (Explosion de cris : « Non! non! ») pour faire place à la marquise, qui va à la messe à Saint-Eustache.

NOUVEAUX CRIS DES LAQUAIS. Place! place à la marquise!

CRIS DE LA FOULE. Non! non! (Repoussée par les gens de la marquise, la foule laisse passer la chaise dorée que portent des valets richement galonnés. Dans cette chaise, on voit Léonora Galigaï.)

SCÈNE X.

LES MÊMES, LÉONORA GALIGAI.

LÉONORA. Eh bien, pourquoi vous arrêtez-vous?... Chassez donc ces gens-là et avançons.

JACQUES, repoussant les valets qui menacent le tonneau de Margot. Touchez donc à ça, vous autres!

LA FOULE. A bas les Concini! à bas la Florentine!

JACQUES. Oui, à bas la Florentine! et vive Margot!

TOUS. Vive Margot! (Une lutte s'établit entre les gens de Léonora et la foule, qui finit par terrasser les laquais et renverser la chaise.)

JACQUES. Victoire! victoire!

TOUS. Victoire!

JACQUES. A présent, Margot, le passage est libre!

MARGOT. Merci! mon petit Jacques, merci! en avant!

JACQUES ET TOUT LE PEUPLE. En avant! vive Margot! vive Margot! (Le rideau baisse. — Tableau animé.)

DEUXIÈME TABLEAU

LE CABINET DU ROI

Un riche cabinet au Louvre donnant au fond sur une galerie.— Porte à droite conduisant chez la reine. — Large fenêtre à droite. haute cheminée à gauche. — Table couverte de papiers. — Une large portière relevée laisse voir, dans la galerie, des gardes et des laquais. — Souvré et quelques seigneurs en scène.

SCÈNE PREMIÈRE.

SOUVRÉ, CHABOT, D'ÉPERNON, puis HENRI, MARIE DE MÉDICIS, VITRY, BASSOMPIERRE, COURTISANS, PAGES, DAMES, etc.

SOUVRÉ. Messieurs, il y a du nouveau au Louvre. Tout à l'heure, à la chapelle, la Galigaï n'occupait pas sa place de dame d'honneur!

LES SEIGNEURS. Vraiment!

VITRY, paraissant dans la galerie, à haute voix. Le Roi! (Un grand mouvement se fait dans la galerie, une foule de solliciteurs est repoussée par la garde écossaise, qui fait faire place. Entrent alors les officiers des gardes, les courtisans, Vitry, capitaine des gardes, les pages, puis Henri donnant le bras à Marie, et suivi de Bassompierre et des dames d'honneur.)

HENRI, continuant de causer avec Bassompierre. Ces armes que vous me demandez pour votre compagnie, je vous les ferai donner, Bassompierre, par notre grand maître de l'artillerie.

BASSOMPIERRE. M. de Sully n'obéira qu'à un ordre signé par Votre Majesté.

HENRI. Cet ordre, nous irons nous-même tantôt le lui donner à son Arsenal. Messieurs d'Épernon, de Chabot, de Souvré, vous nous accompagnerez. Il y aura place pour vous dans notre carrosse. Nous sortirons du Louvre à trois heures. (Tous les courtisans s'inclinent en sortant du cabinet du roi, laissant seuls Henri et la reine. La portière du fond retombe.)

SCÈNE II.

HENRI, MARIE.

(Marie est restée froide et silencieuse en détournant les yeux chaque fois que le roi s'est approché d'elle.)

HENRI, à part. Elle ne m'a pas adressé une parole depuis ce matin. L'orage gronde. (Voyant la reine prendre le chemin de son appartement.) Rentrez-vous donc déjà chez vous, madame?...

MARIE, sèchement. Je vais envoyer un de mes pages à l'hôtel Concini. Je veux savoir pourquoi Léonora n'occupait pas à la chapelle sa place de première dame d'honneur.

HENRI, sévèrement. Léonora Galigaï n'ayant plus de charge à remplir à notre cour, défense lui a été faite de se présenter au Louvre.

MARIE, éclatant. Ah! voilà donc le dernier coup que vous me ménagiez, monsieur; je n'avais qu'une amie qui me fût véritablement dévouée, et vous me l'enlevez! Vous me prouvez ainsi, et plus durement encore cette fois, que vous n'avez plus d'amour pour moi, si tant est que vous en ayez eu jamais.

HENRI, doucement. Marie, vous êtes injuste et surtout oublieuse.

MARIE. Oh! non, monsieur, je n'oublie rien de ce que vous m'avez fait souffrir; ne m'avez-vous pas sacrifiée à madame de Beaufort, à madame de Moret, à cent autres rivales plus indignes encore, et que vous trahissez à leur tour pour des maîtresses que vous n'osez plus avouer.

HENRI. Marie!

MARIE. Nierez-vous que, cette nuit, vous avez quitté le Louvre pour courir à quelque nouvelle aventure?...

HENRI. Allons, M. de Vitry vous a fait, je le vois, son rapport. Mais, au moins, je ne laisserai plus votre démon de Florence souffler entre nous la discorde et la haine. Sans elle, vous m'auriez pardonné mes premiers torts envers vous, et, touché de votre indulgence, j'eusse racheté ces torts à force de soins et d'amour... Je vous aimais bien, je vous aime encore, Marie; puis-je oublier que je vous dois mes chers enfants?... Ah! vous aviez en moi un bon mari, et vous me regretterez quand je ne serai plus... Tenez... je suis sûr que vous redeviendrez bonne et tendre pour moi quand cette Léonora ne sera plus sans cesse entre nous.

MARIE. Est-ce que vraiment elle ne reviendra plus prendre son service auprès de moi?

HENRI. Bassompierre ira tout à l'heure lui porter l'ordre de quitter Paris avant ce soir, et la France sous trois jours.

MARIE. Ah! vous ne ferez pas cela, monsieur. Je ne veux pas que Léonora parte; je suis la reine, je ne le veux pas!

HENRI, froidement, prenant une plume sur la table. Elle partira.

SCÈNE III.

LES MÊMES, BASSOMPIERRE.

BASSOMPIERRE, arrivant du fond. Madame, à l'occasion de votre sacre, les dames de la halle apportent un bouquet à Votre Majesté. J'ai fait attendre ces bonnes gens dans la grande galerie.

LA REINE, brusquement. Vous avez eu tort, monsieur; renvoyez tout ce monde. Je ne recevrai personne, entendez-vous, monsieur? personne.

HENRI. Bassompierre, obéissez d'abord à la reine, puis revenez tout à l'heure prendre mes commandements. (Bassompierre salue et sort comme il était entré, par le fond.)

SCÈNE IV.

HENRI, MARIE.

(Henri se place à une table, et écrit.)

MARIE, qui l'a suivi des yeux, court à la table. Vous ne donnerez pas cet ordre d'exil... vous ne le donnerez pas... Léonora est mon amie d'enfance. Elle ne m'a jamais quittée... et elle ne me quittera pas... Oh! dites-moi, monsieur, dites qu'elle ne me quittera pas...

HENRI. Cette femme vous abuse par de faux semblants de tendresse. Elle n'aime en vous que votre puissance. J'ai d'ailleurs la preuve que son mari, non content des richesses et des faveurs dont vous le comblez, s'est vendu à l'Espagne. Concini est un traître que je pourrais, que je devrais faire pendre, et qu'à cause de vous je me contente d'exiler. Je ne suis plus jeune; qui sait ce qui me reste de jours à vivre... Je ne veux pas vous laisser, vous et mon fils, entourés de pareilles gens.

MARIE. Oh! j'admire votre sage prévoyance, monsieur. Vous redoutez pour la sûreté de votre royaume l'influence d'une pauvre femme, d'une étrangère, et pour poursuivre, pour atteindre un rival qui vous dispute et vous enlève mademoiselle de Montmorency, sa femme, vous n'hésiterez pas à faire la guerre, à mettre l'Europe en feu, dussiez vous aussi vous perdre, et perdre la France avec vous.

HENRI, avec dignité. Oh! madame, ne mêlons pas, je vous prie, à nos petites passions, à nos misérables querelles, les grands intérêts de la France, de la France que je veux faire puissante et forte entre toutes les nations qui la menacent ou la jalousent. C'est pour cela que je lève des soldats, et que j'irai moi-même commander l'armée qui se rassemble; c'est pour cela, rien que pour cela! Mais en quittant ma maison, je n'y veux pas laisser des traîtres vendus à mes ennemis, et cet ordre d'exil me garantira contre leurs félonies.

MARIE, saisissant le bras du roi. Non! monsieur, vous ne signerez pas cet ordre.

HENRI, sévèrement. Vous oubliez, madame, qui vous êtes, et surtout qui je suis.

MARIE, exaspérée. Vous ne signerez pas, vous dis-je! (Elle arrache le papier, et va le déchirer.)

HENRI, froidement. Faites, madame, et ce ne sera pas en exil que j'enverrai vos Florentins, mais au bourreau. (Marie, effrayée, laisse échapper le papier de sa main; puis, éclatant en sanglots, elle tombe sur un fauteuil.) Marie, Marie, vous savez que vos pleurs me font mal... Allons, soyez raisonnable, Marie... et je vous accorderai...

MARIE, vivement. La grâce des Concini?

HENRI. Non... mais un sursis...

MARIE. Ils ne partiront pas?

HENRI. Pas aujourd'hui. (Entre Bassompierre.)

MARIE, le regardant avec effroi. Monsieur de Bassompierre vient chercher l'ordre d'exil, et cet ordre...

HENRI, le ramassant. Le voilà; tenez, déchirez-le.

MARIE. Oh! merci, monsieur, merci!... (Elle le déchire.)

HENRI, bas, à Marie. Si le roi pardonne, pardonnerez-vous à l'époux?

MARIE, lui tendant les mains, que Henri baise. Oui, oui... (Elle rentre chez elle.)

SCÈNE V.

HENRI, BASSOMPIERRE.

HENRI, voyant Bassompierre qui regarde les morceaux de papier. J'ai été bien faible, n'est-ce pas? J'avais résisté aux emportements de la reine, j'ai cédé aux larmes de la femme; j'ai eu tort... Ces Concini sont mes ennemis; ils me seront funestes. J'ai de mauvais pressentiments. Moi, qui ne songeais pas à la mort, je la sens comme venir à moi. Et cependant, pour mon beau royaume de France, pour mes enfants, j'aurais besoin de vivre encore. (Haut, en voyant remuer la portière du fond.) Est-ce qu'il y a quelqu'un dans la galerie?

BASSOMPIERRE. Oui, sire; Margot, votre filleule, est là avec son futur mari et un jeune homme qu'elle tient, dit-elle, à présenter à son parrain.

HENRI. Cette bonne Margot, je l'avais oubliée; fais-la vite entrer. Je vais sortir tout à l'heure; je t'ai promis d'aller à l'Arsenal et de parler pour toi à M. de Sully. (A lui-même.) Puis j'ai besoin d'air; cette querelle avec la reine m'a fait mal. (Pendant les derniers mots, Bassompierre a soulevé la portière du fond et introduit Margot, Jacques et Henriot.)

SCÈNE VI.

HENRI, MARGOT, JACQUES, HENRIOT, BASSOMPIERRE.

HENRI. Approche, Margot, et sois la bienvenue.

MARGOT. A la bonne heure! on est mieux reçu chez vous, mon parrain, que chez la reine. La halle en a été pour son bouquet, et moi pour mon compliment; pourtant, nous avions eu assez de peine pour venir.

LE ROI. Vraiment?

MARGOT. La pluie tombait, et, pour mettre votre portrait à l'abri, on avait voulu m'amener ici...

LE ROI. En carrosse?

MARGOT. Oui, dans mon tonneau; mais mon équipage ne vient-il pas à se rencontrer avec la chaise à porteurs de la vilaine femme qui me ressemble si fort, qu'on me fait souvent la sottise de me prendre pour elle!

LE ROI. Tu veux parler de la Galigaï?

MARGOT. Juste; cette princesse a ordonné à ses gens de renverser mon tonneau et de battre mes amis; mais il s'est trouvé que c'est sa chaise qu'on a renversée et ses gens qu'on a battus. Ne m'en voulez-vous pas, mon parrain?

LE ROI, riant. Non, non. (Montrant Jacques.) C'est là ton amoureux?

MARGOT, amenant Jacques. Oui, mon parrain, Jacques Bonhomme, cordonnier maître et fripier.

JACQUES, bas à Margot. Vous osez parler comme ça tout haut à un roi?

MARGOT. Et ce roi-là, c'est mon parrain.

LE ROI. Et un parrain doit un cadeau de noce à sa filleule. C'est pour vous octroyer, maître Jacques, que je vous ai fait venir. Voyons, approchez.

MARGOT. Allons, n'ayez donc pas peur comme ça.

LE ROI. Voyons, que désirez-vous?

JACQUES. Oh! sire Majesté, à présent que j'ai Margot, je ne désire plus rien du tout.

HENRI. Soit, mais je veux vous donner quelque chose.

JACQUES. Oh! sire Majesté, faut pas vous gêner pour moi; avec Margot je serai heureux, avec mon travail je serai riche.

HENRI. Bien dit, maître Jacques, et, pour que la richesse vous arrive plus vite, je vous accorde le brevet et privilége de cordonnier du roi.

MARGOT. Merci, mon parrain!

JACQUES. Chausser une tête couronnée, voilà un honneur!

MARGOT. Et il vous fournira du bon et du solide

JACQUES. Oh! pour ça!

HENRI. En outre, comme il faut que ma filleule apporte une dot, voilà un bon de cent livres que tu vas aller toucher à l'intendance.

MARGOT. Merci, mon parrain!

JACQUES. Cent livres! mais c'est une dot de princesse!

HENRI. Es-tu contente?

MARGOT, regardant Henriot, qui est resté au fond. Je serais bien difficile de ne pas l'être; pourtant, j'ai encore quelque chose à vous demander. Oh! v'là ce que c'est, l'appétit vient en mangeant, comme dit le proverbe.

HENRI. Que veux-tu?

MARGOT. Vous présenter mon protégé; vous savez, mon parrain, le jeune peintre...

HENRI. Qui habite la chambre au-dessous de la tienne.

MARGOT. Avec sa mère, qui ne vit que de son travail. Allons, avancez, monsieur Henriot, montrez au roi le portrait que vous avez fait de lui et que nous aurions offert à la reine, si la reine ne nous avait pas fermé sa porte.

HENRI. Approchez, mon ami.

JACQUES, à Henriot. Allons, n'ayez donc pas peur comme ça! Est-ce que j'ai peur, moi?

MARGOT. Regardez, mon parrain, c'est-y bien vous?

BASSOMPIERRE, regardant le portrait. La ressemblance est frappante, en effet.

MARGOT, à Bassompierre. Hein! ce n'est pas trop mal, pour un barbouilleur d'enseignes?

HENRI. Quel portrait de moi avez-vous copié?

HENRIOT. Sire, je n'avais, pour m'aider, qu'une petite gravure assez médiocre; mais j'avais eu plusieurs fois l'occasion de voir Votre Majesté, et, puis j'avais aussi les souvenirs de ma mère, de ma mère qui me remettait dans la voie quand je m'égarais.

HENRI. Pour me connaître si bien, votre mère habite donc Paris depuis longtemps?

HENRIOT. Oui, sire.

MARGOT. Et toujours dans la même maison, n'est-ce pas, monsieur Henriot?

HENRIOT. C'est dans cette maison que je suis né.

HENRI. Et quel âge avez-vous?

HENRIOT. Vingt-quatre ans, sire.

HENRI. Vingt-quatre ans! Et comment s'appelle votre mère?

HENRIOT. Martine Mérian.

HENRI, à part. Elle... elle, sa mère!

JACQUES, à part. Tiens! comme le roi regarde Henriot!

HENRI. Bassompierre, conduisez Margot à l'intendance; faites-lui, ainsi qu'à maître Jacques, visiter les galeries du Louvre. Je garde ton protégé, Margot; je veux aussi m'occuper de lui.

MARGOT, à Jacques. Hein! quelle idée j'ai eue d'amener Henriot. Voilà sa fortune faite. (Haut.) Mon parrain, vous avez été pour nous bon comme le bon Dieu, mais vous n'aurez pas affaire à des ingrats. N'est-ce pas, Jacques?

JACQUES. Oh! je crois bien! Aussi, sire Majesté, vous pouvez compter que vous n'aurez jamais été plus chéri ni si tant mieux chaussé!

MARGOT. A tantôt, monsieur Henriot! Votre servante, mon parrain! Le cœur de Margot est bien à vous... allez... Oh! tenez, je voudrais être la reine, pour pouvoir vous embrasser.

HENRI. Le baiser d'une jolie fille est toujours une faveur, même pour un roi. Si ma barbe grise ne te fait pas peur, embrasse-moi, ma filleule.

MARGOT. Vrai! vous le permettez? Ah ben, tant pis! ça y est! (Elle l'embrasse.) A présent, c'est fini. Personne ne m'embrassera plus jamais.

JACQUES. Hein!... eh bien, et moi... et moi?...

MARGOT, sans l'écouter. Adieu, mon parrain... non... pas adieu... au revoir! (Elle entraîne Jacques et sort avec Bassompierre.)

SCÈNE VII.

HENRI, HENRIOT.

(Henri regarde silencieusement Henriot.)

HENRI, avec émotion. Vous m'avez bien dit: Martine Merian?... Ce nom de Merian était le nom de famille de votre mère. Comment s'appelait votre père?...

HENRIOT. Mon père?...

HENRI. C'était sans doute un artiste?..

HENRIOT. Non, sire, c'était un soldat, un brave soldat. Il s'appelait Henriot comme moi.

HENRI, se levant. Henriot!... Henriot!... Mais alors... (Il s'arrête, puis retombe sur son fauteuil et regarde Henriot avec tendresse.) Et... que vous a dit votre mère de celui qui s'appelait Henriot comme vous?

HENRIOT. Elle m'a dit que, pendant nos guerres civiles et avant ma naissance, il l'avait quittée pour embrasser votre cause; qu'il avait dû être tué, puisqu'il n'était pas revenu. Elle m'avait donné le nom de mon père, et elle m'a aimé comme elle l'aimait, comme elle l'aime encore.

HENRI. Elle l'aime encore, dites-vous?

HENRIOT. Elle a précieusement gardé sa mémoire. Et si elle a toujours si présents à la pensée les traits de Votre Majesté, si elle a pu m'aider à les fidèlement reproduire, c'est que...

HENRI. Achevez, mon ami.

HENRIOT. C'est que mon père avait vos traits, sire... Voilà pourquoi ma digne mère, avant que la maladie la clouât à son foyer, recherchait toutes les occasions de voir Votre Majesté; souvent, bien souvent, perdue avec moi dans la foule, elle me disait en me montrant le roi qui passait: « Regarde-le bien, notre bon Henri, il ressemble à ton père. Quand je ne serai plus, aime-le, mon enfant, aime-le pour l'amour de moi. »

HENRI, essuyant une larme. Elle s'est souvenue du soldat, et n'a pas voulu, elle, se rappeler au souvenir du roi. (Regardant Henriot.) Et elle ne m'a rien demandé même pour lui... pour lui!... (Haut.) Approchez, mon enfant, je vous recommanderai à mon premier peintre. Je veux qu'il vous fasse travailler à mon Louvre.

HENRIOT. Sire, comment ai-je mérité?...

HENRI. N'êtes-vous pas le fils d'un homme mort pour ma cause?... Dites à votre mère que le roi Henri veut, en mémoire du soldat Henriot, se charger de votre avenir; dites-lui qu'il vous attache à sa personne, et vous désire voir tous les jours... Henriot... Je veux voir aussi votre mère.

HENRIOT. Hélas! sire, sa faiblesse ne lui permettra pas...

HENRI. De venir à moi?... Eh bien, j'irai à elle!... Une des fenêtres de votre logis doit ouvrir sur la rue de la Ferronnerie?

HENRIOT. Oui, sire.

HENRI. Je sortirai aujourd'hui à trois heures, je passerai par cette rue, mon carrosse n'ira pas vite, que votre mère se mette à la fenêtre, elle ne se fatiguera pas et moi je la verrai... je la verrai.

HENRIOT. Ah! sire! (Au moment où Henriot s'incline avec reconnaissance, la portière de droite se soulève et un enfant d'une dizaine d'années s'arrête sur le seuil à la vue d'un étranger: c'est le dauphin.)

SCÈNE VIII.

HENRI, HENRIOT, LOUIS.

HENRIOT, se retournant. Cet enfant?...

HENRI. Cet enfant s'appellera un jour Louis XIII, et sera votre roi. Vous lui serez fidèle et dévoué, n'est-ce pas, Henriot, vous me le jurez?

HENRIOT. Je vous le jure, sire!

HENRI. Louis... viens, mon enfant... viens. (Louis s'approche en regardant timidement Henriot.)

HENRI, le prenant entre ses genoux. Regarde bien ce jeune homme.

LOUIS, le regardant en face. Oui, père.

HENRI. Quand je ne serai plus, Louis, et quand tu seras roi... protége ce jeune homme, aime-le, mon enfant, aime-le pour l'amour de moi.

LOUIS. Oui, père.

HENRI. Donne-lui ta main à baiser.

LOUIS. La voilà. (Henriot, pliant le genou, baise les mains du petit dauphin, qui le regarde en souriant, tandis que Henri semble bénir du cœur ses deux enfants.)

HENRI, à Henriot. Allez, mon ami, allez dire à votre mère que le roi s'est souvenu du soldat! (Henriot s'incline, et au même instant Vitry paraît au fond.)

SCÈNE IX.

VITRY, LE ROI, puis BASSOMPIERRE, D'ÉPERNON, CONCINI, SEIGNEURS.

VITRY. Sire, tout est prêt pour le départ de Votre Majesté; aurai-je l'honneur de commander l'escorte?

HENRI, sévèrement. Je ne veux pas d'escorte et je vous défends de me suivre, monsieur... Vous n'avez pas, je suppose, un nouveau rapport à faire à la reine? (D'Épernon et les seigneurs, désignés pour accompagner le roi, paraissent.) Vous êtes prêts, messieurs? Très-bien!

UN HUISSIER, annonçant. Monsieur le marquis de Concini. (Mouvement de Henri.)

HENRI, à part. Il ose venir... se présenter devant moi!

BASSOMPIERRE, bas, montrant Concini. Qu'ordonne Votre Majesté?

HENRI, bas. Contre cet homme? Rien... Je tiendrai la promesse faite à la reine!... Bassompierre, ramenez le dauphin près de sa mère. (Pendant ce temps, Concini s'est avancé humblement près du roi, qu'il salue profondément.) Va, Louis, va retrouver ta mère, et dis-lui qu'à présent elle ne peut plus douter de ma tendresse pour elle... Tiens, porte-lui ce baiser-là, mon enfant. (Il l'embrasse et le rend à Bassompierre, qui entre avec lui chez la reine. Henri le suit longtemps des yeux. Pendant ce temps, Concini est resté incliné à la droite du roi. Quand le dauphin a disparu.) Nous allons à l'Arsenal voir M. de Sully qui est malade. Mon chapeau, s'il vous plaît! (Concini s'empresse d'aller prendre le chapeau du roi posé sur un meuble et le lui présente.)

CONCINI. Sire.

HENRI, à d'Épernon. Monsieur d'Épernon... donnez-moi mon chapeau, je vous prie. (D'Épernon le vient prendre des mains de Concini et le donne au roi.) Merci, monsieur le duc. Allons, partons, messieurs. (Il sort sans avoir jeté un regard sur Concini.)

SCÈNE X.

CONCINI, VITRY.

CONCINI. Je suis perdu, monsieur de Vitry!...

VITRY. Et moi, disgracié, monsieur.

CONCINI. Vous rentrerez en faveur... on vous pardonnera.

VITRY. Le roi n'a rien à me pardonner que trop de zèle peut-être. Je lui suis un serviteur fidèle et dévoué.

CONCINI. Comme moi, monsieur.

VITRY. Je l'espère bien. (Bruit au dehors.)

CONCINI, effrayé. Qu'est-ce que cela?

VITRY, qui a regardé par la fenêtre. C'est le roi qui part. (Le bruit s'éloigne.)

SCÈNE XI.

LES MÊMES, BASSOMPIERRE, entrant du fond.

CONCINI, à part. Léonora est chez la reine... et la reine seule peut encore nous sauver. (Il se dirige vers l'appartement de la reine.)

BASSOMPIERRE. Un mot, monsieur de Concini,..

CONCINI. Que me voulez-vous, monsieur?

BASSOMPIERRE. Vous donner une assez désagréable nouvelle.

CONCINI. Vraiment!

BASSOMPIERRE. Un message a été remis au roi, au moment où il montait en carrosse... Votre âme damnée... M. Maignat...

CONCINI, à part. Maignat!...

BASSOMPIERRE. Vient d'être conduit à la Bastille... et le roi vous ordonne de tenir les arrêts au Louvre.

CONCINI. M'arrêter... moi!...

BASSOMPIERRE. Monsieur le marquis, remettez-moi donc votre épée...

CONCINI. Mon épée!...

LÉONORA, sortant de la chambre de la reine. Gardez-la, monsieur.

CONCINI, avec joie. Léonora!

SCÈNE XII.

LES MÊMES, LÉONORA.

BASSOMPIERRE. Madame de Concini ignore certainement que je parle au nom du roi?

LÉONORA. Le roi a accordé un sursis.

BASSOMPIERRE. Je le sais... mais j'ai de nouveaux ordres.

LÉONORA. Que vous n'exécuterez pas avant d'avoir vu la reine, qui vous attend chez elle.

BASSOMPIERRE. Je me soumettrai, comme je le dois, aux désirs de Sa Majesté... Mais, jusqu'au retour du roi, monsieur le capitaine des gardes, vous répondez de M. de Concini. (Bassompierre entre chez la reine, à droite.)

LÉONORA. Monsieur de Vitry, vous avez la parole de M. le marquis de ne pas quitter le Louvre sans le bon vouloir du roi... et vous ne ferez pas à mon mari l'injure de douter d'une parole qu'il vous donne... En disgrâce aujourd'hui, nous serons tout-puissants demain, peut-être, et nous nous souviendrons, monsieur de Vitry, nous nous souviendrons!... Allez! (Vitry salue et sort.)

SCÈNE XIII.

LÉONORA, CONCINI.

CONCINI. En vérité, Léonora, j'admire votre calme : il ne s'agit plus pour nous d'un exil dont on peut revenir, mais de la Bastille... de l'échafaud, peut-être... Ne comprenez-vous donc pas que nous sommes perdus?

LÉONORA. Perdus!... oui, si nous nous abandonnons nous-mêmes, si nous ne savons pas faire tête à l'orage... Eh quoi! monsieur, parce qu'un obstacle se dresse sur notre route, parce qu'un danger nous menace, parce qu'enfin nous avons une lutte à soutenir, cette lutte vous trouve sans énergie et sans force! Mais pour douter si vite du présent, avez-vous donc oublié le passé et le chemin fait déjà?...Pauvre gentilhomme italien, vous avez été tiré par moi de la foule, où, sans moi, vous auriez vécu, vous seriez mort obscur, ignoré... J'ai fait de vous le plus riche seigneur de la cour de France, je veux faire... je ferai de vous le plus puissant du royaume; je défendrai contre tous ce crédit, ce pouvoir qu'on nous dispute et qu'on veut nous faire perdre; j'oublierai que je ne suis qu'une femme, puisque vous ne vous souvenez plus que vous êtes un homme!

CONCINI. Madame!...

LÉONORA. Oh! oui, vous avez le courage qui met l'épée au poing, qui affronte les balles et court à la bataille; mais le vrai courage, monsieur, c'est celui qui résiste à la volonté d'un maître tout-puissant, c'est celui qui brave la fureur d'un peuple en délire; et, ce courage-là, je l'aurai, moi, monsieur; oui, je l'aurai.

CONCINI. Léonora, ne comptez-vous pas trop sur la protection de la reine, sur l'empire mystérieux que vous exercez sur son esprit?

LÉONORA. Une prédiction nous a été faite à Florence, quand la princesse Marie se croyait condamnée à quelque misérable alliance; il lui fut annoncé qu'elle porterait la plus belle couronne du monde, et elle est reine de France! Mais il lui fut dit aussi qu'une autre destinée était liée à la sienne, et que Léonora Galigaï, qui s'élevait avec elle, l'entraînerait fatalement dans sa chute. Marie ne nous laissera pas tomber.

CONCINI. Vous croyez, vous, à ces sottes prédictions, comme vous croyez à vos cartes et à vos rêves?

LÉONORA. Comme je crois au talisman que je vous ai donné le jour de notre mariage.

CONCINI, riant. Ah! cette vieille médaille byzantine...

LÉONORA. Que vous m'avez promis de garder toujours.

CONCINI, à part. Si elle savait qu'elle n'est plus entre mes mains!..

LÉONORA. Cette médaille, précieuse par sa rareté, me venait du grand-duc, père de Marie.

CONCINI. Le présent était médiocre...

LÉONORA. Cette médaille avait touché les saintes reliques...

CONCINI. Si on a prédit une couronne à Marie, que vous a-t-on prédit, à vous?

LÉONORA. Que mon mari serait premier ministre, maréchal, et que j'aurais une fille qui serait aimée par un fils de roi.

CONCINI. Ah! Léonora, pour que ces folles prédictions pussent s'accomplir, il faudrait...

LÉONORA. Quoi donc?

CONCINI. Il faudrait que le roi ne rentrât pas au Louvre!

LÉONORA. Je ne vous comprends pas, monsieur...

CONCINI. Chut! la reine!

SCÈNE XIV.

LES MÊMES, MARIE.

MARIE, regardant à la fenêtre. Le roi tarde bien!

LÉONORA. Que pouvez-vous craindre?

MARIE. Je ne sais... mais je n'ai jamais tant désiré le retour du roi... (Rumeurs en dehors.) Que se passe-t-il dans la cour du Louvre?... Pourquoi tout ce bruit?...

LÉONORA. C'est le roi qui revient, madame.

CONCINI. On monte précipitamment le grand escalier!...

MARIE. Ah! je vais savoir...

SCÈNE XV.

LES MÊMES, VITRY, pâle et défait, qui arrive hors d'haleine, et s'arrête tout à coup à la vue de la reine.

MARIE, le regardant. Vitry!... monsieur de Vitry!... Il est arrivé un malheur!... (Vitry baisse la tête.)

MARIE. A mon fils?

VITRY. Non, madame!

MARIE. Ah! c'est au roi!...

VITRY. Pourquoi m'a-t-il défendu de le suivre!... J'aurais été, comme toujours, près de lui... et c'est moi qu'on aurait frappé!

MARIE, LÉONORA, CONCINI. Le roi!.. (Vitry se tait.)

MARIE. Blessé!... il est blessé!... Laissez-moi, laissez-moi! je veux le voir. (Au dehors, on entend le bruit des hallebardes retombant sur les dalles, comme à la première entrée du roi; puis, ces mots, prononcés à haute voix : « Le roi ! »)

LÉONORA. Rassurez-vous, madame!

CONCINI, avec effroi. Le roi!..

LÉONORA, à part, regardant Concini. Comme il est pâle!

SCÈNE XVI.

LES MÊMES, D'ÉPERNON et LES AUTRES SEIGNEURS, entrant silencieusement et la tête découverte; puis, BASSOMPIERRE, tenant par la main LE DAUPHIN, et suivi de GARDES et d'une foule de COURTISANS.

MARIE, à la vue du jeune Louis, qui court à elle en pleurant. Ah! le roi est mort!

VITRY. Le roi est mort! Vive le roi! vive Louis XIII!

LES SEIGNEURS. Vive Louis XIII! (Ils tirent tous leurs épées et les étendent sur la tête du jeune roi.)

ACTE PREMIER

PREMIER TABLEAU

JACQUES BONHOMME.

L'intérieur d'une boutique de fripier. — Porte à gauche, conduisant à la chambre de Jacques. — Cheminée à gauche. — Table avec tiroir. — Meubles rustiques. — On entend au dehors comme le bruit d'une émeute.

SCÈNE PREMIÈRE

MARGOT, HENRIOT.

MARGOT, au fond. Ils vont éveiller Jacques avec leurs cris!

HENRIOT, près de la porte de Jacques. Rassurez-vous, Jacques repose toujours. Il n'a rien entendu. (Il se dispose à sortir.)

MARGOT, le retenant. Où allez-vous?

HENRIOT. Retrouver ceux qui se soulèvent en criant : « A bas le maréchal d'Ancre! A bas les Concini! » Ces braves gens-là sont les vrais amis du roi Louis XIII, et ma place est au milieu d'eux.

MARGOT. Je vous en prie, Henriot, ne sortez pas... Le bruit s'éloigne, la garde suisse a dispersé le rassemblement.

HENRIOT. Je n'en irai pas moins au rendez-vous.

MARGOT. A quel rendez-vous?

HENRIOT. Tenez, Margot, je puis tout vous dire, à vous la filleule du feu roi; à vous qui avez aussi gardé sa mémoire dans votre cœur.

MARGOT. Certes!

HENRIOT. Eh bien, sachez donc que, par mes soins et ceux de quelques braves soldats, anciens serviteurs du roi Henri, dans tous les quartiers de la ville se forme et grossit chaque jour une véritable armée qui, au nom de Louis XIII, se révoltera, et, quand le moment sera venu, renversera les insolents favoris de la reine régente.

MARGOT. Renverser les Concini! de puissants seigneurs l'ont

tenté : MM. de Bouillon, de Guise, le prince de Condé... Ils ont cru que le peuple serait avec eux, et ils sont en exil. Et puis le roi Louis XIII, quoiqu'il ait à peu près l'âge d'homme, n'est encore qu'un enfant. Il n'a rien de son vaillant père... tout le monde le dit.

HENRIOT. Comment le sait-on? Personne ne peut approcher de lui ; il n'est entouré que de créatures dévouées à la reine, ou plutôt vendues aux Concini. Pour qu'il apprenne à régner, nous le ferons roi.

MARGOT. Vous vous ferez tuer, voilà tout. Ne vous exposez pas, mon bon Henriot... Je vous le répète, les plus grands du royaume n'ont pu réussir...

HENRIOT. Parce que ceux-là n'étaient que des ambitieux qui voulaient renverser le maréchal pour gouverner à sa place : Le peuple l'a bien compris et a fait le vide autour d'eux... Mais, moi, je ne veux rien qu'accomplir un serment fait au roi Henri... rien qu'obéir à la dernière volonté de ma mère.

MARGOT. Votre pauvre mère... elle était à sa fenêtre quand le carrosse du roi s'est malheureusement arrêté...

HENRIOT. Oui, le coup qui a frappé Henri l'a frappée aussi ; elle n'a pu survivre à cette affreuse douleur : elle est morte en me disant : « Venge-le, Henriot, venge-le! »

MARGOT. Mais l'assassin a été puni, et le misérable a déclaré, soutenu, au milieu de la torture, qu'il n'avait pas de complice.

HENRIOT. Il en avait un, pourtant.

MARGOT. Vous le connaissez?...

HENRIOT. Oh! si j'avais pu seulement suivre sa trace! Fût-il gentilhomme, fût-il prince, je n'aurais pris ni repos ni trêve, que je n'eusse accompli la tâche que je me suis donnée... Mais quelqu'un le connaît, ce complice.

MARGOT. Qui donc?

HENRIOT. Jacques.

MARGOT. Jacques?... Oh! le pauvre homme... sait-il à présent ce qu'il dit? A la suite de la mort du roi et du triomphe des Concini, il ne pouvait plus être question de mariage entre nous ; de plus, il fut prouvé que le costume que portait le meurtrier avait été acheté chez Jacques ; une descente de justice eut lieu chez lui, son innocence fut bientôt reconnue. Mais sa tête, déjà bien faible, n'avait pu résister, et on garda Jacques en prison, non plus comme coupable, mais comme fou. Il est resté six ans dans un affreux cabanon ; il y serait encore, sans la protection de mademoiselle Gloriette, la sœur de lait du petit roi, la seule véritable amie que Louis XIII ait au Louvre. J'avais vu quelquefois mademoiselle Gloriette à l'église ; elle avait l'air si bon, si franc, que je me suis risquée à lui recommander Jacques. Comment s'y est-elle prise pour réussir? Je n'en sais rien. Seulement, elle m'a dit hier : « Demain, on vous rendra votre ami ; il a été prouvé que sa folie était si douce, qu'elle ne pouvait faire de tort à personne. » Alors, moi, j'ai voulu qu'en rentrant chez lui, Jacques y retrouvât tout comme il l'avait laissé il y a six ans. Vous m'avez aidé à cela, mon bon Henriot. Aussi, comme il a été heureux de rentrer dans sa maison, et de me revoir, moi qu'il aime toujours! Mais le voyage, le bonheur, l'avaient tant fatigué, que je l'ai forcé de se jeter sur son lit... et, Dieu merci, son sommeil est calme : le bruit de tout à l'heure ne l'a pas éveillé.

HENRIOT. Vous m'avez dit qu'il avait tout reconnu ici?

MARGOT. Comme s'il n'avait jamais quitté son logis.

HENRIOT. Oh! il se souviendra, j'espère!

MARGOT. Il savait donc quelque chose?

HENRIOT. On nous permettait bien rarement de le voir; mais, chaque fois que j'ai pu parvenir jusqu'à lui, et lorsqu'il était sûr que nous étions seuls, il me jetait toujours ces mots à l'oreille : « Il y a un complice... Ils étaient deux... deux... deux... » Et quand je cherchais à lui en dire davantage, il me répondait : « Chut! on nous écoute... on nous tuerait! » Puis il reprenait sa chanson, comme pour tromper ceux qu'il soupçonnait de l'épier. (On frappe.) On a frappé à la porte.

MARGOT. Qui donc est là?

UNE VOIX DE FEMME. N'ayez pas peur, c'est moi.

MARGOT. Qui, vous?

LA VOIX. Moi... Gloriette...

MARGOT. Ah! mademoiselle Gloriette... Entrez, entrez, et soyez la bienvenue.

SCÈNE II.

LES MÊMES, GLORIETTE.

GLORIETTE. Les rues sont pleines de monde... J'ai dû faire un long détour pour venir du Louvre ici... Mais je voulais avoir des nouvelles de mon protégé.

MARGOT. Êtes-vous bonne! quitter la cour pour venir chez de pauvres gens comme nous!

GLORIETTE. Pour habiter un palais, je n'en suis pas moins restée ce que j'étais, fille d'une bonne paysanne qui a eu le trop grand honneur d'être nourrice d'un roi... L'ennui l'a tuée, la digne femme... et si je résiste à ce mal-là, c'est que le bon Dieu m'a donné la gaieté.

HENRIOT. Si Dieu vous a mis le rire sur les lèvres, il vous a mis aussi la charité dans le cœur.

GLORIETTE. Vous voulez parler, n'est-ce pas, du petit service que je vous ai rendu : la grâce de votre ami Jacques est la première faveur que j'aie sollicitée, et ce n'est pas au roi que je l'ai demandée.

MARGOT. Vraiment?

HENRIOT. Il aurait refusé?

GLORIETTE. Non ; mais il n'aurait pas eu le pouvoir de faire sortir un fou de sa cellule, lui qui ne peut pas sortir de sa prison ; car le Louvre, c'est une prison de roi, voilà tout.

HENRIOT. Qui donc a obtenu?

GLORIETTE. Mademoiselle Marie Concini...

MARGOT. Une Concini!...

GLORIETTE. Oh! celle-là n'a pas l'air d'être de la famille. On l'a présentée à la cour... J'étais dans la chambre de la reine quand mademoiselle Marie y est entrée... toute émue, toute tremblante. La reine l'a très-bien accueillie, et, pour la rassurer, lui a dit : « Voyons, mon enfant, que puis-je faire pour vous prouver mon amitié? Que désirez-vous? que voulez-vous? — Rien, madame, » répondait en rougissant la jeune demoiselle. Oh! elle n'est pas ambitieuse comme sa mère, avide et intéressée comme son père! La reine insistait pour lui accorder une faveur, quelle qu'elle fût, et mademoiselle Concini se taisait. Alors, j'ai pris mon courage à deux mains, et j'ai prié mademoiselle Marie de demander la liberté de Jacques, du pauvre fou. Elle l'a fait tout de suite, et avec tant de grâce, que la reine n'a pu refuser. Ce n'est donc pas à moi, mais à mademoiselle Marie que vous devez de revoir celui que vous aimez.

HENRIOT. Comment! le roi...

GLORIETTE. Le roi n'a qu'une sujette, c'est moi, et encore parce qu'on veut bien ne pas la lui prendre... Nous avons grandi ensemble, et on est si bien habitué à me voir avec lui, qu'on me laisse passer comme si j'étais son ombre... et puis je fais si peu de bruit, je tiens si peu de place!... Pauvre petit roi! ce n'est qu'avec moi qu'il rit... ce n'est que devant moi qu'il pleure.

HENRIOT ET MARGOT. Il pleure!

GLORIETTE. Oh! souvent... et quand je lui demande pourquoi, alors il s'efforce de me sourire et il me dit : « Viens jouer, Gloriette... » et il joue... mais le cœur gros et tout plein de larmes qu'il ne veut pas laisser voir.

HENRIOT. Vous parle-t-il du feu roi?

GLORIETTE. De son père?... Jamais!

HENRIOT. Jamais!

GLORIETTE. Pourtant, je suis sûre qu'il y pense toujours. Quand on a arrêté l'assassin, on a trouvé sur lui une moitié de médaille en bronze... Je ne sais comment Louis a pu s'emparer de cette médaille, mais il l'a gardée comme un funèbre souvenir... Il l'a cachée lui-même dans la chambre du feu roi... Souvent, quand Louis sait sa mère hors du Louvre... il entre seul, toujours seul, dans la chambre de son père, chambre fermée pour tout le monde et qui est restée telle qu'elle était quand on y a rapporté le roi Henri... Et quand il sort de cette chambre, il est toujours plus sombre que lorsqu'il y est entré.

MARGOT. Il déteste les Concini, n'est-ce pas?

GLORIETTE. Il ne dit rien ni d'eux ni des autres; le pauvre enfant se défie de tout le monde, il se sait si bien entouré d'ennemis...

HENRIOT. Il a des amis aussi, des amis dévoués.

GLORIETTE. Pas au Louvre.

HENRIOT. Non, mais dans le peuple, et je suis du peuple, moi... Oh! si je pouvais le voir, lui parler.

GLORIETTE. On ne vous laissera pas approcher, il y aura toujours là quelqu'un pour vous repousser... M. de Vitry, par exemple... Le capitaine des gardes, qui ne quitte pas le roi... et M. de Vitry est l'âme damnée du maréchal.

HENRIOT. Il faut pourtant que j'arrive jusqu'au roi.

GLORIETTE. Attendez, alors...

HENRIOT. Attendre...

GLORIETTE. Ce qu'il attend lui-même, peut-être...

MARGOT. Quoi donc?

GLORIETTE. Sa quatorzième année.

MARGOT. Oui, dans quelques semaines, il sera majeur...

HENRIOT. Il sera roi!

GLORIETTE. Ce sera toujours un enfant... Enfin, il aura plus de liberté... On parlait déjà au Louvre, hier, d'une partie de chasse que le maréchal voulait organiser pour le roi, à Vincennes.

HENRIOT. Quand cela?

GLORIETTE. Je ne sais... A présent, je crois les rues plus tranquilles et je vais vous quitter.

MARGOT. Sans voir Jacques, qui serait si heureux de vous remercier!

GLORIETTE. S'il veut rendre grâce à sa véritable libératrice, c'est au couvent des Carmélites qu'il faudra le conduire.

HENRIOT. Des Carmélites!

GLORIETTE. Oui, c'est là qu'est mademoiselle de Concini.

MARGOT. Viens!... c'est à la chapelle des Carmélites que Henriot va faire des peintures, c'est là qu'il a vu... une jeune fille si belle... si belle qu'il en a fait le portrait de mémoire... Je l'ai vu dans son atelier.

HENRIOT. Jamais si charmant visage ne m'était apparu.

MARGOT. Hum! Prenez garde... au couvent des Carmélites, on n'élève que des jeunes filles riches et nobles... (Huit heures sonnent.)

MARGOT, voyant Henriot prendre sa cape et son chapeau. Vous partez?

HENRIOT. Oui... voici l'heure... et je vais rejoindre ceux qui m'attendent. (Bas.) Je reviendrai demain parler à Jacques et faire appel à ses souvenirs. (Il serre la main de Margot, salue Gloriette et sort vivement.)

SCÈNE III.

MARGOT, GLORIETTE.

MARGOT, à Gloriette. Vous êtes restée... Merci pour Jacques.

GLORIETTE. Je m'expose à être grondée en rentrant si tard au Louvre... mais je n'aurai peut-être pas de longtemps l'occasion de revenir chez vous... Voyons, ce Jacques, à qui vous vous intéressez si fort, est un parent, n'est-ce pas?

MARGOT. Non.

GLORIETTE. Un ami seulement?

MARGOT. Oh! mieux que ça... C'est mon amoureux, mon futur mari depuis bientôt quatorze ans.

GLORIETTE. Votre futur mari! Mais on ne vous laissera pas épouser un fou!

MARGOT. Eh bien, alors, je resterai fille, et Jacques aura pour sœur celle qui ne pourra pas être sa femme... La folie du pauvre cher homme est si douce! Il a plutôt perdu la mémoire que la raison... On le tourmentait, on le torturait là-bas, tandis qu'ici... il a déjà retrouvé le calme; mes soins, ma tendresse, et la grâce du Seigneur feront le reste.

JACQUES, à la cantonade. Margot! Margot!

MARGOT. Tenez, il s'éveille, et c'est tout de suite à moi qu'il pense... Me voilà, mon ami.

SCÈNE IV.

LES MÊMES, JACQUES.

JACQUES, sortant de chez lui et allant à Margot. Margot! Oh! ça me fait du bien de vous voir... j'ai eu le cauchemar, tout à l'heure... Oui, il me semblait que j'étais dans une chambre, noire comme un cachot, que j'avais des chaînes aux pieds et aux mains, et qu'après m'avoir fait mal... oh! bien mal! on m'avait jeté tout meurtri sur un tas de paille humide et toute froide... Oh!... j'en tremble encore. (Il s'approche de la cheminée.) C'était le cauchemar, car en rouvrant les yeux, je me suis trouvé dans ma chambre, sur mon lit, et j'ai entendu votre voix... Ah çà, pourquoi donc que je m'étais couché si tôt que ça?...

MARGOT. Vous étiez fatigué.

JACQUES. Fatigué? Ah! oui... j'ai encore les membres comme rompus... et pourtant il faut que je travaille...

MARGOT, approchant un petit établi. Voilà vos outils.

JACQUES, courant à l'établi. Oui... et voilà aussi vos petits souliers... vos amours de petits souliers que je veux finir ce soir pour que vous puissiez les mettre demain. (Apercevant Gloriette, qui, d'abord, s'était mise à l'écart.) Qu'est-ce que c'est que cette belle demoiselle-là?

MARGOT. C'est...

GLORIETTE. Je suis une amie de Margot, maître Jacques.

JACQUES. Vous êtes une amie à elle... alors vous êtes une amie à moi, et vous serez de la noce.

MARGOT, à part. La noce!...

JACQUES. Oh! on s'y amusera, allez... on boira à la santé du parrain, d'abord... puis à celle de la mariée... On chantera, on dansera; oui, nous danserons, madame Bonhomme, et puis dans quelque temps d'ici, nous ferons danser sur nos genoux deux ou trois petits Bonhomme, qui seront beaux comme leur mère... Oh! d'abord, je ne les aimerai que s'ils lui ressemblent. (Voyant que Margot et Gloriette pleurent en l'écoutant.) Eh bien! quoi donc? ça n'est pas triste ce que je vous dis là! Pourquoi donc qu'en m'écoutant vous pleurez au lieu de rire?

MARGOT. Pleurer!... nous? oh! par exemple!... Vous ne travaillez donc pas?

JACQUES. Si! si! (Il se place près de l'établi, prend ses outils et les regarde comme s'il était embarrassé.)

MARGOT, allant à Jacques. Eh bien! qu'est-ce que vous avez?

JACQUES. Moi? Je ne sais pas ce que j'ai...

MARGOT. Voilà bien vos outils?...

JACQUES. Oui... mais... c'est drôle... je ne sais plus m'en servir. (Bruit au dehors.)

JACQUES, avec effroi. Qu'est-ce que c'est que ça?

GLORIETTE. Encore des cris, des batailles dans les rues.

MARGOT. C'est près de chez nous. (On frappe.) Ah! on a frappé à notre porte.

JACQUES. N'ouvrez pas! n'ouvrez pas! Cachez-moi, Margot!... cachez-moi, on vient m'arrêter!

HENRIOT, du dehors. C'est moi, Henriot.

MARGOT. Henriot! Oh! je ne le laisserai pas dans cette bagarre. (Elle ouvre la porte. Henriot tient dans ses bras une jeune fille qui semble près de s'évanouir et dont un voile cache le visage.)

HENRIOT. Margot, secourez cette jeune fille que je viens d'arracher à la foule qui la menaçait et qui me poursuit peut-être... Mais cette porte est solide... et on n'essayera pas de la briser. (Il barricade la porte, pendant que Gloriette et Margot conduisent la jeune fille près de la cheminée : Jacques s'est sauvé dans sa chambre.)

SCÈNE V.

MARGOT, MARIE, GLORIETTE, HENRIOT.

MARGOT. Ne tremblez pas comme ça, mam'selle.

GLORIETTE. Que vous est-il arrivé?

MARIE. J'avais quitté mon couvent pour aller rejoindre ma mère qui maintenant me veut avoir auprès d'elle... Une foule furieuse reconnaissant, je le suppose, le carrosse et la livrée, a battu, dispersé mes laquais et m'a forcée de descendre de voiture, on me menaçait... on m'aurait tuée peut-être si ce jeune homme ne m'avait pas protégée...

MARGOT, à Henriot. C'est bien, ce que vous avez fait là.

HENRIOT, qui écoutait à la porte. On a, je crois, perdu nos traces, car le bruit s'éloigne... pourtant, il ne serait pas prudent à mademoiselle de quitter trop tôt cette maison.

MARGOT. Certainement... Quand il n'y aura plus de danger pour vous à partir d'ici, mademoiselle, vous nous direz où on devra vous conduire.

MARIE, laissant tomber son voile. Chez mon père! à l'hôtel Concini!

GLORIETTE, la reconnaissant. Mademoiselle Marie!

HENRIOT, avec émotion. Elle!...

MARIE, à Gloriette. Mais je vous ai déjà vue quelque part!

GLORIETTE. Oui, mademoiselle.

MARGOT, bas à Henriot. Mais je ne me trompe pas, c'est le bel ange du couvent des Carmélites.

HENRIOT, bas. Taisez-vous, par grâce, taisez-vous...

GLORIETTE. Dans la chambre de la reine, mademoiselle.

MARGOT. Le jour où vous avez demandé à Sa Majesté la grâce d'un fou, de Jacques.

MARIE. Jacques... Oui, je me souviens.

MARGOT. La grâce a été accordée... Jacques est libre et vous êtes ici chez lui.

MARIE. Chez lui!

HENRIOT. Et nous, ses amis, nous vous bénissons, mademoiselle.

MARIE, à Henriot. C'est moi qui suis votre obligée, monsieur. Sans vous, que serait devenue la pauvre Marie? (Bruit au dehors.)

MARGOT. Encore!... Vous poursuivrait-on jusqu'ici?

GLORIETTE. Oh! cette fois, nous n'avons rien à craindre; j'ai entendu le bruit des armures... et la voix de M. de Vitry, le capitaine des gardes.

LA VOIX DE VITRY, au dehors. Arrière... arrière! Place à M. le maréchal d'Ancre!

LA VOIX DE CONCINI. Au nom du roi... ouvrez!

MARIE. Oh! c'est mon père... mon père, qui, lui aussi, vient à mon aide. (Henriot a ouvert la porte.)

SCÈNE VI.

LES MÊMES, CONCINI, VITRY, GARDES, BOURGEOIS, dans la rue.

MARIE, courant à son père. Mon père!

CONCINI, brusquement. On ne m'avait pas trompé, en m'indiquant cette maison.

MARIE, *vivement*. Où j'ai trouvé un asile et des défenseurs.

CONCINI. Ah! ces mécréants payeront cher la frayeur qu'ils l'ont faite... monsieur de Vitry, que vos hommes chargent impitoyablement à l'avenir cette cohue de populaire qui, n'osant pas s'en prendre à nous, insulte lâchement nos femmes et nos filles.

MARIE, *avec douceur*. Je me suis effrayée à tort, il ne m'a été fait aucun mal... et au lieu de songer à punir, mieux vaudrait, mon père, remercier ceux qui me sont venus en aide.

CONCINI. Quels sont ceux-là?

MARIE. Ce jeune homme qui m'a protégée, cette femme qui m'a recueillie, secourue.

CONCINI. Qu'ils se présentent demain à l'hôtel, et je payerai comme je le dois le service qu'ils t'ont rendu.

MARGOT. Nous payer!

MARIE, *vivement à Margot et à Henriot*. Je ne sais, mes amis, quelle récompense mon père pourra vous offrir, qui l'acquitte envers vous, moi... (*Regardant Henriot.*) je vous remercie. (*Tendant la main à Margot.*) et je me souviendrai.

MARGOT, *lui serrant la main*. A la bonne heure!

CONCINI. Viens, Marie..

GLORIETTE. Je vais profiter de l'escorte pour me tirer d'ici.

(*Au moment où Concini se prépare à sortir, on entend crier dans la rue : « A bas les Concini!... A bas les Florentins! » Marie recule avec effroi.*)

CONCINI. Ne t'inquiète pas de ces criailleries... que je ferai taire par quelques bonnes arquebusades... En attendant, si, pour chasser tous ces marauds, ce n'est pas assez du bois de vos hallebardes, servez-vous du fer... Piquez, morbleu! piquez! (*Les hallebardiers font faire place à Concini, qui sort avec Marie au milieu des cris et des murmures de la foule. Gloriette a suivi Marie.*)

SCÈNE VII.

HENRIOT, MARGOT, *puis* JACQUES.

HENRIOT, *les regardant sortir et à part*. Fille du Concini!... Allons... je rêvais, et je m'éveille.

MARGOT. Ah! Dieu bénisse la fille et confonde le père! (*Regardant autour d'elle.*) Mais dans tout ce tohu-bohu... qu'est devenu Jacques?

JACQUES, *passant la tête*. Je suis là...je m'étais caché sous mon lit... Ils sont partis?

HENRIOT ET MARGOT. Oui.

JACQUES. Ils me cherchaient pour me tuer, n'est-ce pas?

MARGOT, *qui a fermé la porte*. Du tout.

JACQUES. Oh! je le sais bien.

MARGOT, *à part*. Voilà encore sa tête qui déménage.

JACQUES. Ils me tueront, Margot, pour que je ne dise pas...

HENRIOT ET MARGOT. Quoi donc?

JACQUES, *à lui-même*. Ils étaient deux, deux, deux.

HENRIOT, *bas à Margot*. Vous entendez. Il veut parler de ce complice resté inconnu pour tous... mais qu'il connaît, lui. (*Allant à Jacques.*) Voyons, Jacques, rassurez-vous. Ces hommes ne vous cherchaient pas, je vous le jure; aucun danger ne vous menace; vous n'êtes plus dans votre cellule où vous n'osiez pas me parler... Regardez... Ici, vous êtes chez vous, et la porte est bien close.

JACQUES. Là-bas, la porte était close aussi... mais, derrière les murs, il y avait des yeux qui voyaient, des oreilles qui entendaient.

HENRIOT. Ici, personne ne vous voit, personne ne peut vous entendre.

MARGOT. Jacques, il ne faut pas avoir peur comme ça... Vous êtes avec Henriot qui est un ami, vous le savez bien!

JACQUES, *lui prenant la main*. Oh! oui!

MARGOT. Et puis je suis là, et quoique je ne sois qu'une femme, je ne souffrirais pas qu'on vous fît du mal... Rassurez-vous donc et écoutez bien ce que Henriot va vous dire, tâchez de répondre à ce qu'il va vous demander...

JACQUES. Je veux bien... oui... si je peux!...

MARGOT. Pauvre garçon!

HENRIOT. Jacques, je me suis donné une tâche que vous seul peut-être vous me permettrez d'accomplir... Jacques, vous êtes un honnête homme et vous aimiez bien notre roi Henri?

MARGOT. Oh! oui, vous l'aimiez bien, Jacques!

JACQUES. Son parrain... à elle... Oh! oui... je l'aimais bien... oh! si j'avais su, je lui aurais dit : « Prenez garde! prenez garde à l'homme au masque! »

HENRIOT ET MARGOT. L'homme au masque!

JACQUES. Oui, il avait un masque de velours, celui qui accompagnait l'homme d'Angoulême!... C'était le matin... non, la nuit du 14 mai 1610... j'avais veillé pour vous, Margot... Oh! c'était un gentilhomme, un seigneur, un grand seigneur! et pourtant il m'a volé!...

HENRIOT ET MARGOT. Volé!

JACQUES. Au lieu d'un ducat qu'il me devait, il m'a donné, avec de la menue monnaie, un vieux jeton dont on avait coupé la moitié... Mais, à quoi bon tout cela?... Il est trop tard... laissez-moi travailler.

HENRIOT, *à Margot, bas*. Ah! cette trace que je cherchais... la voilà... la voilà!

MARGOT. Comment?

HENRIOT, *bas*. Ici, tout à l'heure, mademoiselle Gloriette nous parlait d'une moitié de médaille trouvée sur le meurtrier et conservée par le roi.

MARGOT. Oui, eh bien?

HENRIOT, *bas*. En rapprochant, en comparant ces deux parties brisées, on s'assurerait d'abord de la complicité du gentilhomme masqué, et, plus tard, on arriverait peut-être à découvrir le complice.

MARGOT. Oui, oui, vous avez raison. (*Allant à Jacques.*) Jacques, Jacques, cette moitié de médaille, où est-elle?

JACQUES. Hein?

MARGOT. Ce vieux jeton que vous a donné le gentilhomme?

JACQUES. Ce vieux jeton?...

MARGOT. Ah! il l'aura perdu, jeté, peut-être!...

JACQUES, *souriant*. Perdu... jeté?... Non pas!...

HENRIOT. Ah! vous vous souvenez?

JACQUES. Oui...

HENRIOT. Cette médaille, vous l'avez?

JACQUES. Oui...

MARGOT. Ah! nous la chercherons, Henriot; nous bouleverserons, s'il le faut, toute la maison.

JACQUES, *les regardant*. Oh! ils peuvent venir, ils peuvent tout démolir, ils ne trouveront rien!

MARGOT ET HENRIOT. Rien?...

JACQUES. Rien!... Quand on m'a dit que je pourrais bien être arrêté pour avoir vendu un costume à l'homme de la rue de la Ferronnerie... quand j'ai su qu'on avait trouvé sur lui une moitié de médaille pareille, peut-être, à celle que j'avais, j'ai eu peur, et, pour qu'on ne la découvrît pas chez moi, je suis allé la cacher...

MARGOT. Où cela? où cela?

HENRIOT. Où que ce soit, mon bon Jacques, vous allez m'y conduire.

JACQUES. Oui.

HENRIOT. Tout de suite.

JACQUES, *se levant*. Oui.

HENRIOT. Partons.

JACQUES. Partons... (*Il s'arrête.*)

HENRIOT. Eh bien, qui vous arrête?

MARGOT. Pourquoi tremblez-vous comme ça?

HENRIOT. Pourquoi pâlissez-vous, Jacques?

HENRIOT. Pourquoi ne sortons-nous pas?

JACQUES. Sortir... pour aller où?

HENRIOT. Là où vous avez caché cette preuve que je cherche.

JACQUES, *se prenant la tête dans les mains*. Ah! mon Dieu! mon Dieu!

HENRIOT. Pourquoi pleurez-vous?

JACQUES. Parce que je veux me rappeler et que je ne le peux pas; parce qu'avec ma mémoire, je sens ma pauvre tête qui s'en va. Oh! j'ai été fou, n'est-ce pas?... Oui, vous me le cachiez... mais j'en suis sûr, et c'est pour ça qu'autrefois on m'a emmené d'ici... qu'on m'a jeté dans une grande maison noire avec des fous comme moi... Oh! tenez, j'ai comme du feu dans la tête!... Je ne suis pas méchant, et je serai peut-être furieux tout à l'heure; alors, je ne vous reconnaîtrai plus; alors, je pourrais vous faire du mal, à vous, Margot, à vous... Oh! enfermez-moi! attachez-moi! (*A Henriot.*) Attachez-moi, pour que je ne lui fasse pas de mal, à elle!

MARGOT. Jacques, mon ami, calmez-vous!

HENRIOT. Et surtout, Jacques, souvenez-vous, souvenez-vous!...

JACQUES, *dont le délire augmente*. Je ne sais plus ce que vous me demandez, je n'entends plus ce que vous me dites!... Sauvez-la, sauvez-la de moi! je suis fou... fou... toujours fou!... (*Il tombe évanoui aux pieds de Margot, qui jette un cri d'épouvante.*)

DEUXIÈME TABLEAU

LE RENDEZ-VOUS DE CHASSE

SCÈNE PREMIÈRE.

GLORIETTE, LE PÈRE TRANQUILLE, PAYSANS, RABATTEURS, PAYSANNES.

(*Au lever du rideau, Gloriette, assise sur un tertre, est entourée de paysans et de paysannes; un vieux bûcheron est devant elle.*)

TRANQUILLE. Oui, mes amis, c'te belle demoiselle si bien nippée, qui mange et dort au Louvre, elle est de Vincennes, de cheux nous, quoi. C'est vrai qu'elle avait six mois quand elle nous a quittés avec sa mère pour être nourrice du petit dauphin.

UN PAYSAN. Nourrice... à six mois?

TRANQUILLE. Pas elle... sa mère, qui était une femme superbe!

GLORIETTE. Je n'ai jamais oublié que j'étais votre payse, et quand j'ai su que Sa Majesté venait aujourd'hui chasser à Vincennes, j'ai sollicité et obtenu la faveur d'être du voyage.

TRANQUILLE. C'est ici, au rond-point, qu'est le rendez-vous... Je crois que j'entends marcher sous la feuillée... C'est-y déjà les piqueux?

UN PAYSAN. Non, père Tranquille, c'est un jeune homme... mais, à son costume, on voit qu'il n'est ni de la chasse ni de la cour.

TRANQUILLE. C'est par l'avenue des Vieux-Chênes que le roi viendra au rendez-vous. Allons au-devant de lui, nous le verrons plus tôt...

TOUS. À l'avenue des Vieux-Chênes!... (Ils sortent par la gauche.)

SCÈNE II.

GLORIETTE, HENRIOT.

HENRIOT, allant à Gloriette. Mademoiselle Gloriette!

GLORIETTE, lui tendant la main. C'est vous que j'attendais... J'étais bien sûre que vous viendriez.

HENRIOT. Oh! certes.

GLORIETTE. Vous m'aviez instamment priée de vous ménager une occasion de voir le roi, de lui parler, et j'avais inutilement tenté de vous faire entrer au Louvre... Aussitôt qu'il fut décidé que le roi chasserait aujourd'hui à Vincennes, je me hâtai d'en faire prévenir Margot, votre amie... Vous pourrez suivre la chasse; peut-être le roi se trouvera-t-il un moment débarrassé de ses surveillants... Alors, pour qu'il vous laisse approcher de lui, prononcez mon nom, si vous le voulez.

HENRIOT. Votre nom?

GLORIETTE. Je vous connais à peine, monsieur Henriot, mais vous paraissez avoir pour mon petit roi un dévouement si vrai, qu'à mon tour, moi, je vous suis toute dévouée.

HENRIOT, lui prenant la main. Vous me promettez donc de me venir en aide?

GLORIETTE. Je vous le promets.

HENRIOT. Merci. (Bruit au dehors. — Acclamations encore éloignées à gauche.) Ce bruit...

GLORIETTE. Nous annonce que le roi approche. (Une foule de paysans arrivent de la droite, pour courir au-devant du roi, à gauche. Mais M. de Vitry, suivi des gardes et des piqueurs, repousse cette foule.)

SCÈNE III.

LES MÊMES, VITRY, GARDES, PIQUEURS, PAYSANS.

VITRY. Allons... personne dans cette clairière... On choisira parmi ces jeunes drôles les plus alertes pour servir de rabatteurs, mais je veux la place nette.

GLORIETTE, bas, à Henriot. N'insistez pas pour rester ici... Vous ne pourriez approcher de Sa Majesté... (Haut, avec intention.) Monsieur de Vitry, sait-on où sera ce matin le tirer du roi?

VITRY. À la Croix-Blanche.

GLORIETTE, bas, à Henriot. Vous avez entendu?

HENRIOT. À la Croix-Blanche... J'y serai avant le roi...

GLORIETTE. Oui, si je vous montre le chemin! (Ils sortent.)

SCÈNE IV.

VITRY, GLORIETTE, LE ROI, LA REINE, CONCINI, LÉONORA, MARIE, BASSOMPIERRE, D'ÉPERNON, COURTISANS, GARDES, PIQUEURS, PAYSANS.

(Des cris de : « Le roi! le roi! » annoncent Louis. — C'est un tout jeune homme pâle et faible, mais portant avec dignité une élégant costume de chasse; tous les seigneurs qui l'entourent sont aussi en habits de chasseurs. — Louis entre, suivi de la reine, du maréchal, de Léonora, de Marie, et d'autres dames en costumes de chasse. — A la vue du roi, qui paraît le premier, des cris de joie s'élèvent dans la foule, que contiennent à grand'peine les gardes et les piqueurs, mais à l'arrivée du maréchal d'Ancre, toutes les voix se taisent.)

LOUIS, bas, à Vitry. Monsieur de Vitry, pourquoi ces braves gens, si joyeux à ma venue, sont-ils à présent silencieux et sombres?

VITRY, bas. Peut-être, sire, parce qu'à la suite de Votre Majesté ils ont reconnu M. le maréchal d'Ancre.

LOUIS, même jeu. Ah! on ne l'aime donc pas, le maréchal?

VITRY. Votre Majesté doit le savoir...

LOUIS, regardant Vitry bien en face. Moi?... Je ne sais rien, monsieur.

LA REINE, s'approchant. Sire, avant d'entrer en chasse, ne voulez-vous pas accorder à M. le maréchal son audience de congé?

LE ROI. M. le maréchal nous quitte?

LA REINE. Pour se rendre en la province de Picardie, dont vous lui avez donné le gouvernement.

LE ROI, indifféremment. Ah!

LA REINE. Ne vous souvenez-vous plus, sire, que vous avez, hier, signé sa nomination?

LE ROI. J'approuve sans examen tout ce que vous présentez à ma signature, madame.

LA REINE. Maréchal, remerciez le roi.

CONCINI. Sire!...

LE ROI. Allez, monsieur le maréchal, et méritez là-bas les nouvelles faveurs que ma mère vous réserve sans doute. (Concini s'incline.) Monsieur de Bassompierre, je vais tâcher de me souvenir de vos leçons de vénerie.

BASSOMPIERRE. Sire!... (Pendant ce temps, Marie s'est approchée de Concini.)

MARIE. Mon père, revenez-nous bientôt...

CONCINI. Oui, bientôt!

LE ROI. Monsieur de Vitry, les chevaux sont-ils prêts?

VITRY. Oui, sire! (Louis prend son fouet des mains d'un piqueur.)

LA REINE, à Léonora. Maréchale, il y aura place pour vous dans mon carrosse.

LÉONORA. Que Votre Majesté daigne m'excuser, mais je suis souffrante, et...

LA REINE. Eh bien... j'emmène votre fille.

LOUIS. Partons, messieurs.

CONCINI, s'inclinant. Sire...

LOUIS, sèchement. Dieu vous garde, monsieur! (Départ général.)

SCÈNE V.

LÉONORA, CONCINI.

CONCINI. Encore soucieuse, Léonora? En vérité, je ne comprends rien à votre humeur. Lorsqu'il y a six ans, nous étions exilés par Henri IV, quand tout semblait nous trahir, vous étiez calme et souriante; et aujourd'hui que nous régnons véritablement, aujourd'hui que tout obstacle a été brisé, que nul ne peut lutter contre notre puissance, vous êtes triste.

LÉONORA. Il y a six ans, nous avions pour nous des prédictions qui me rassuraient, et qui se sont accomplies; aujourd'hui, aujourd'hui j'ai peur!

CONCINI. Peur!

LÉONORA. Oui...

CONCINI, riant. Ah! vous avez consulté vos oracles, vos cartes, vos grimoires... et que vous a-t-on prédit, cette fois?...

LÉONORA. Que nous touchions à notre ruine, et que notre chute serait aussi terrible qu'avait été grand notre triomphe... Un mauvais génie, un ennemi implacable, s'attache à nous et nous poursuit.

CONCINI. Et quel est-il?

LÉONORA. Un homme jeune, brave, déterminé.

CONCINI. Pourquoi voudrait-il nous perdre?

LÉONORA. Parce qu'entre nous et lui il y a du sang.

CONCINI. Du sang!...

LÉONORA. Le sang du feu roi!...

CONCINI. Je vous ai dit, madame, que, lorsque j'ai accueilli l'homme qui arrivait d'Angoulême, j'ignorais dans quel but il venait à Paris.

LÉONORA. Dieu le veuille! (Plus bas.) Ignoriez-vous que cet homme eût en son pouvoir la moitié de votre médaille byzantine?

CONCINI, embarrassé. Sans doute.

LÉONORA. Comment cette médaille a-t-elle été séparée en deux parties?... vous devez le savoir... Ah! votre silence me répond assez... Malheureux!... vous êtes-vous au moins assuré l'impunité?... L'autre moitié de cette médaille a été détruite par vous, n'est-ce pas?...

CONCINI. Non.

LÉONORA. Non!

CONCINI. Je ne sais dans quel moment elle m'a été dérobée, ni en quelles mains elle est tombée!

LÉONORA. Oh! mon Dieu!... Et vous n'avez pas tenté?...

CONCINI. De la retrouver?... Mais vous ne songez pas que c'eût été me dénoncer moi-même...

LÉONORA. C'est vrai.

CONCINI. Je croyais seulement pouvoir faire disparaître la moitié de la médaille trouvée sur le meurtrier... mais elle n'était plus avec les pièces de conviction déposées au Louvre.

LÉONORA. Disparue... aussi...

CONCINI. Et, cette fois encore, la prudence me défendait toute question, toute recherche...

LÉONORA. Si on réunissait jamais ces deux parties brisées... vous seriez perdu, monsieur, car la reine reconnaîtrait cette médaille, qu'elle sait vous avoir été donnée par moi le jour de notre mariage.

CONCINI. Il serait temps, alors, de dire que cette médaille m'a été volée... Et puis, qui donc, aujourd'hui, oserait accuser le maréchal d'Ancre?

LÉONORA. L'ennemi secret qui doit nous perdre.

CONCINI. Cet ennemi n'existe que dans vos rêves.

LÉONORA. Il est un signe auquel je dois le reconnaître... une blessure à la main gauche... Oh! n'attendons pas qu'il vous dénonce, qu'il vous démasque... emportez vos richesses, monsieur, moi, j'emporterai ma fille... mais, fuyons... monsieur... fuyons!

CONCINI. Vous êtes folle, madame... il faut plus qu'un danger imaginaire pour m'effrayer. (A des officiers qui paraissent.) Je suis prêt, messieurs!... (Revenant à la marquise.) Léonora, je pars pour mon gouvernement, sans rien regretter du passé, sans rien craindre de l'avenir... Adieu, madame la connétable, car je serai connétable avant six mois!... Partons, messieurs!... (Concini sort par la gauche.)

SCÈNE VI.

LÉONORA, puis MARIE.

LÉONORA. Oh! cet homme lassera la fortune!... (A ce moment de grands cris se font entendre du côté droit par lequel le roi est sorti.) Pourquoi ces cris? quel malheur annoncent-ils donc?... (Voyant entrer Marie, pâle et les vêtements en désordre.) Marie, mon enfant, que t'est-il arrivé?...

MARIE. A moi, ma mère?... Rien... mais le roi vient d'échapper à un grand danger.

LÉONORA. Le roi?

MARIE. Tout à l'heure, Sa Majesté a voulu faire franchir à son cheval un fossé profond... le cheval s'est défendu... le roi l'a frappé de son fouet, piqué de ses éperons... Le cheval alors s'est emporté... le roi était perdu, quand un jeune homme, sorti d'un fourré, s'est élancé entre le cheval et l'arbre contre lequel il allait briser son cavalier... Ce jeune homme s'est jeté bravement à la bride, a été traîné par le cheval furieux... Enfin, on a pu courir au roi... Louis XIII est sauvé, mais celui qui s'est dévoué pour lui est mort peut-être!...

SCÈNE VII.

LES MÊMES, LE ROI, LA REINE, VITRY, LA SUITE.

LE ROI, vivement. Mort... (A Vitry.) Oh! non, dites-moi qu'il n'est pas mort.

VITRY. On l'a relevé, sire!...

LE ROI. Qu'on l'amène ici, je veux le voir... Entendez-vous, je le veux!

LA REINE. Louis, comme tu es pâle!... Tu as eu peur?...

LE ROI. Pas pour moi, madame, mais pour lui... pour lui. (Et il désigne Henriot qu'on amène ou plutôt qu'on apporte, car il ne peut se soutenir.)

MARIE, à part, regardant Henriot. Oh! mon Dieu!... c'était bien lui!... (Henriot, en rouvrant les yeux, reconnaît le roi, qui est penché vers lui.)

HENRIOT, d'une voix mourante. Ah!... sire!... le 14 mai 1610... le roi Henri... Je me suis souvenu, sire, je me suis souvenu...

LE ROI. Oh! mon Dieu! il s'évanouit!... Monsieur de Bassompierre, monsieur de Vitry, vite du secours!... (A la reine.) Oh! on le sauvera, madame, on le sauvera, n'est-ce pas?

MARIE. Oh! ma mère, ma mère, ne le laissez pas mourir!

LÉONORA. Tu connais donc ce jeune homme?

MARIE. C'est lui... lui qui m'a protégée contre l'émeute. (Léonora s'approche avec intérêt de Henriot, mais elle recule avec épouvante en voyant sa main sanglante.)

LÉONORA, à part. Oh! la blessure à la main gauche!...

TROISIÈME TABLEAU

LES DEUX FRÈRES

La chambre du feu roi. — Le grand lit à gauche. — A droite, au fond, une large fenêtre laissant passer à travers les vitraux les rayons de la lune, qui éclairent seuls cette sombre et royale chambre. — A gauche, au deuxième plan, près du lit, et sur un piédestal de marbre noir, le buste voilé de Henri, en marbre blanc, et placé de manière à recevoir les rayons de la lune. A droite, premier plan, une porte cachée par une portière.

SCÈNE PREMIÈRE.

(Au lever du rideau, la chambre est vide. L'obscurité et le silence règnent. Une tapisserie soulevée livre passage à un homme qui entre vivement comme s'il craignait d'être poursuivi. Il laisse retomber la portière derrière lui. Cet homme, c'est Henriot.)

HENRIOT. Je n'ai pas été suivi... non... (Il écoute.) Les pas que j'entends sont ceux de Gloriette, de Gloriette qui m'a guidé jusqu'au seuil de cette porte. Personne ne peut venir, car personne n'entre dans cette chambre, où on rapporta, il y a six ans, Henri, mort et déjà glacé!... Personne, excepté le roi, et le roi dort... Qui m'aurait vu me glisser jusqu'ici, dans l'ombre, m'eût pris pour un coupable... mais cette nuit seule me restait pour que ce que je voulais faire fût accompli!... Le roi Louis, touché du service que je lui avais rendu, a ordonné que je fusse conduit, soigné au Louvre... Trois fois, il a daigné venir s'assurer lui-même de ma guérison, et comme si on craignait déjà que le roi ne s'intéressât trop à moi, il m'a été signifié, hier, que j'eusse à quitter le Louvre ce matin. Alors, Gloriette a cédé à mes prières : « Ce que vous cherchez, m'a-t-elle dit, a été caché par le roi Louis sous le buste en marbre blanc... Soulevez le buste, voyez ce que vous voulez voir; puis, remettez tout à sa place... car le roi, qui n'a que moi pour confidente, ne me pardonnerait pas. » Il ne m'était pas possible de venir ici avec de la lumière, mais la lune qui brille me permettra de prendre sur cette cire l'empreinte de la médaille, je mettrai cette empreinte sous les yeux de Jacques, et peut-être alors se souviendra-t-il!... (A ce moment, une sentinelle fait entendre, au dehors, ce cri : « Sentinelles, veillez! » Henriot s'est arrêté. Un nuage vient se placer entre lui et les rayons qui l'éclairaient, et Henriot est un moment perdu dans cette vaste et sombre chambre. Enfin, la lune reparaît et vient frapper le buste blanc.) Sous le buste en marbre, a dit Gloriette, et ce buste, le voilà! (Il avance la main, mais il s'arrête à ce cri répété : « Sentinelles, veillez!... ») Allons! (Reculant encore et prêtant l'oreille.) J'entends marcher dans cet appartement, et cette fois ce n'est pas Gloriette; qui peut venir de ce côté?... (Il se cache derrière un grand fauteuil placé près du buste.) Le roi!

SCÈNE II.

HENRIOT, LOUIS XIII.

(Louis, vêtu de noir et la tête nue, soulève la portière. Il tient à la main un flambeau de cire qu'il pose sur une console à droite en entrant.)

LOUIS. Le sommeil est pour moi, cette nuit, un supplice... Dans mes rêves... des ennemis, des traîtres, toujours! Oh! ces ennemis, ces traîtres... je les connais bien... mais que puis-je contre eux? Sur qui m'appuyer pour les combattre?... Il faut attendre, attendre encore!...

HENRIOT, bas. Que dit-il?

LOUIS. Il faut qu'on me croie un enfant pour qu'on me laisse devenir un homme; il faut qu'on me croie incapable pour qu'on me laisse devenir roi... Alors, oh! alors, je tâcherai d'être digne de toi, mon père; je me souviendrai et à chacun je ferai sa part; mais jusqu'à ce que l'heure soit venue, père, donne-moi le courage, donne-moi surtout la patience.

HENRIOT, avec joie. Ah!

LOUIS. Mais, quand cette heure aura sonné, que pourrai-je seul contre tous? Où trouver un cœur dévoué, fidèle?

HENRIOT, se montrant. N'entendez-vous pas battre le mien, sire?

LOUIS, effrayé. Quelqu'un était là, quelqu'un m'écoutait!... quelqu'un qui va me trahir, car vous êtes un espion de ma mère, n'est-ce pas?

HENRIOT. Regardez-moi donc, sire, et dites-moi si vous me croyez encore un traître?

LOUIS. Henriot!... Oui, je me souviens de ce que vous avez fait pour moi... Mais vous deviez être déjà hors du Louvre, m'a-t-on dit... Comment êtes-vous ici? que veniez-vous y faire?

HENRIOT. Ce que vous y faites, sire. J'étais venu prier et pleurer.

LOUIS, surpris. Vous!

HENRIOT. Je venais encore chercher une trace qui me permît d'arriver à la découverte d'un grand crime, au châtiment d'un grand coupable.

LOUIS. Que voulez-vous dire?

HENRIOT. Une inspiration providentielle vous a fait garder et cacher à tous les yeux une moitié de médaille trouvée sur le meurtrier... L'autre appartenait à un complice.

LOUIS. Il y avait un complice! Mon père n'a pas été vengé!

HENRIOT. Non, sire.

LOUIS. Ah!...

HENRIOT. Mais il faut que justice se fasse, et Dieu, qui m'a permis déjà de retrouver la trace du crime, me fera retrouver le coupable. A moi de vous dire : Le voilà... A vous, sire, de le punir!

LOUIS. Oui, oui!... Mais qui me prouve que tu ne me trompes pas aussi, toi? Qui me prouve que tu ne venais pas t'emparer de cette médaille pour la livrer ou la détruire?

HENRIOT. Moi, sire!

LOUIS. Oh! vois-tu, je me défie de tout le monde... même

de ma mère!... Et cette défiance sera le supplice de toute ma vie. Oh! prouve-moi donc que tu n'es pas mon ennemi.

HENRIOT. Cette preuve que vous me demandez, sire, je vais vous la donner... Sire, vous souvenez-vous du 14 mai 1610?

LOUIS. Oui, je me souviens! je me souviens!

HENRIOT. Vous souvenez-vous, lorsqu'il vous embrassait pour la dernière fois, hélas! que le roi Henri vous montra un jeune homme tout interdit, tout ému? « Regarde bien ce jeune homme, vous dit le roi, et quand je ne serai plus, protége-le, aime-le pour l'amour de moi. »

LOUIS. Oui, oui, je me souviens... ce jeune homme, c'était toi.

HENRIOT. Quelques instants plus tard, une femme que le roi n'avait pas vue depuis vingt ans, et qu'il avait voulu revoir, une femme pâle et mourante, s'était traînée jusqu'à sa fenêtre pour saluer du cœur et du regard le roi qui passait en carrosse et qui levait la tête vers elle. Cette femme a vu frapper le roi et le même coup l'a tuée. Dans son agonie, elle criait à son fils éperdu : « Ne me pleure pas, oublie-moi, mais venge-le, lui, ton roi, lui, ton père! »

LOUIS. Et cette femme?

HENRIOT. C'était ma mère...

LOUIS. Ta mère!

HENRIOT. Vous serez roi, sire, roi d'un grand peuple... Moi, je ne serai rien, que le plus humble de vos sujets, mais vous savez que tout mon sang est à vous, puisque mon sang est le vôtre!...

LOUIS, relevant Henriot et jetant un regard vers le buste. Père, je l'aimerai!... Père, nous voilà deux pour te venger! (Les mains des deux jeunes gens s'étendent vers l'image royale.)

ACTE DEUXIÈME.

QUATRIÈME TABLEAU

LA MANSARDE DE MARGOT.

SCÈNE PREMIÈRE.

MARGOT, seule; elle épluche des légumes, qu'elle met à mesure dans une marmite placée près d'elle. Jacques travaille au fond sur une terrasse garnie de fleurs et de plantes grimpantes.

JACQUES, en dehors.

Les riches vont en carrosses
Pour ne pas crotter leurs bas;
S'il pleut le jour de nos noces
J'te porterai dans mes bras.
Je cogne, je cogne,
Pan, pan, pan,
Je fais ma besogne
En chantant
Pan, pan.

MARGOT. Brave Jacques!.. S'en donne-t-il à travailler, là, sur ma petite terrasse, au milieu de mes fleurs; il respire un bon air qui rafraîchit son sang et calme sa pauvre tête... Il me sait près de lui, et il est tranquille. Depuis son dernier accès de folie, il n'a plus qu'une idée : c'est de me faire mes souliers de mariage... il n'en a pas plus tôt fini une paire qu'il en recommence une autre... il y en a au moins trente dans le bahut... j'en aurai pour le restant de mes jours... Oh! je crois que notre souper brûle! (Elle se baisse dans la cheminée.)

JACQUES.

Ça n'est point les carrosses
Qui donnent le bonheur,
Et les plus belles noces
Se font avec le cœur.
Je cogne, je cogne,
Pan, pan, pan, etc.

Margot! Margot! vous êtes là, n'est-ce pas?...

MARGOT, courant à Jacques. Oui, mon ami, oui; je m'occupe de votre souper.

JACQUES. Mon souper!.. Ah! je ne l'ai pas encore gagné! (Il se remet au travail, toujours sur la terrasse.)

MARGOT. J'ai oublié la salade... Bah! je mettrai des capucines autour du bœuf... Jacques adore les capucines, et justement j'en ai là qui grimpent à ma fenêtre... Ah! mais, je serai trop petite... (Elle va chercher un tabouret.) C'est-y drôle! autrefois j'étais une grosse indifférente; Jacques était même devenu ma bête noire, depuis qu'il avait la rage de m'épouser, et aujourd'hui que le brave garçon est dans le malheur, et que sa tête est aux trois quarts perdue, eh bien! je crois que j'ai pour lui un peu plus que de l'amitié... (Arrivée au bord de la fenêtre, elle s'appuie au chambranle et regarde un moment Jacques.)

JACQUES. Tiens! Margot... vous étiez là si près de moi?...

MARGOT. Jacques, vous n'avez pas froid?

JACQUES. Froid? Non... j'ai toujours trop chaud.

MARGOT, à part. Il a encore la fièvre! (Haut.) C'est que le vent vient du nord, et nous pourrions bien avoir de la giboulée, et même de la neige, et alors adieu mes pauvres fleurs! (Elle monte sur le tabouret.)

JACQUES. Qu'est-ce que vous allez faire?...

MARGOT. Vous cueillir des capucines.

JACQUES, se levant. Hein?... Vous allez monter là-dessus?

MARGOT. Oui.

JACQUES. Non, non! vous n'auriez qu'à avoir un vertige... Moi, j'ai la tête solide... je vais vous faire votre récolte. (Il monte sur le tabouret.) Tendez-moi votre tablier.

MARGOT. Voilà; mais tenez-vous bien, Jacques!

JACQUES. Soyez donc tranquille!... D'ailleurs, je ne regarderai pas du côté de la rue... Vous voulez des fleurs? en voilà... en voilà... mais elles ne sont pas si fraîches que vos bonnes petites joues... Oh! Margot, restez comme vous êtes là... avec vos beaux yeux qui me regardent... et vos lèvres qui me sourient... Si vous saviez comme vous êtes gentille!... On voit bien que vous n'avez pas été malade, vous... mais je ne le serai pas toujours... je vais être mieux... et quand le mal voudra me revenir, eh bien, regardez-moi, Margot, regardez-moi comme à présent... et ça me guérira... (Il se penche vers elle.)

MARGOT. Prenez garde! vous vous penchez trop... vous allez tomber... Ah!... (Elle le reçoit dans ses bras et Jacques l'embrasse.)

MARGOT, le repoussant doucement. Ah! Jacques, ce n'est pas bien!

JACQUES, honteux. Je vous ai embrassée un peu fort, trop fort, hein?... mais je n'ai pas pu m'en empêcher... C'est égal... j'ai eu tort... Vous êtes fâchée?.. Je suis un grossier... un brutal... que vous devriez mettre à la porte de chez vous... Si vous m'en voulez toujours, Margot, dites-moi de m'en aller, et, pour vous obéir, je prendrai le plus court... Ça n'est pas par là que je sortirai... (Il montre la porte.) c'est par ici! (Il montre la fenêtre.)

MARGOT, effrayée. Jacques!...

JACQUES. Dites-moi que je vous ai fait de la peine, et je m'en vais par le chemin que je vous ai dit!

MARGOT. Non, non, je ne vous en veux pas; un frère peut bien embrasser sa sœur... Est-ce que vous n'êtes pas mon frère?

JACQUES. Oui, jusqu'à ce que je sois votre mari!

MARGOT. Vous m'avez pris un baiser et vous en êtes tout honteux...

JACQUES. Oui, car c'est comme si je vous avais volée.

MARGOT. Vous n'aviez qu'à me le demander, ce bon et loyal baiser, et je vous l'aurais donné.

JACQUES. Donné!...

MARGOT, l'embrassant. La! en êtes vous sûr, à présent.

JACQUES, sautant de joie. Ah! Margot, ma petite Margot!

MARGOT. Ah! mais soyez raisonnable... ne vous agitez pas comme ça!...

JACQUES. Non, non... je suis calme... oh! mais je suis heureux! (Il remonte à sa terrasse.) Merci, Margot, merci!

MARGOT. Il est tout ému... et le cœur ne m'a jamais battu comme ça... Si, une fois déjà... au Louvre... quand j'ai embrassé mon parrain... Allons, bon!... au lieu de capucines, Jacques m'a cueilli des clématites... (Écoutant.) Tiens! il m'a semblé entendre marcher... là, dans l'atelier de Henriot... C'est lui, peut-être... (Gloriette se glisse avec précaution dans la chambre.) Non... je n'entends plus rien...

SCÈNE II.

MARGOT, GLORIETTE.

GLORIETTE. Margot...

MARGOT, se retournant. Hein?... Qui va là?...

GLORIETTE. Amie!

MARGOT. Demoiselle Gloriette!

GLORIETTE. Vous êtes bien seule?

MARGOT. Oui...

GLORIETTE. Et... dans cette chambre?

MARGOT. Personne! il n'y a que Jacques qui travaille là, sur la terrasse, et qui ne vous a pas vue entrer.

GLORIETTE. Jacques habite donc avec vous?

MARGOT. Eh! mon Dieu, oui; quand je l'ai vu si malade, je l'ai installé chez moi, où je le soigne comme un frère, comme un enfant; mais Jacques ne compte pas, vous pouvez donc parler.

GLORIETTE. Dans la crainte d'être suivie par les espions de la maréchale, je n'ai pas pris l'escalier de M. Henriot, et, sachant que son atelier communique avec cette chambre, c'est par votre maison que je suis montée... Voulez-vous maintenant prévenir M. Henriot que je suis ici ?

MARGOT. Henriot! vous demandez Henriot? Il n'est donc plus au Louvre ?...

GLORIETTE. Il en est sorti depuis trois jours... Ne le saviez-vous pas ?...

MARGOT. Mais non, je ne sais rien, moi... Est-ce que je peux quitter Jacques une minute ?

GLORIETTE. M. Henriot n'est pas rentré chez lui?

MARGOT. Non!... Mon Dieu, si on l'avait tué! (Henriot entre brusquement, et referme derrière lui la porte de l'atelier.) Ah! le voilà!

SCÈNE III.

LES MÊMES, HENRIOT.

HENRIOT. Chut!... Voyez s'il n'y a rien de suspect au dehors.

MARGOT, se penchant sur la terrasse. Je ne vois personne dans la rue.

HENRIOT. Je leur ai fait perdre ma trace. (Tombant sur une chaise.) Je respire... Vous ici, demoiselle Gloriette?

GLORIETTE. Oui... Et c'est pour vous que j'y suis venue.

HENRIOT. Pour moi?

MARGOT. Ah çà! dites-nous d'abord pourquoi vous n'êtes pas rentré chez vous depuis trois jours?

HENRIOT. Parce que je me savais épié, suivi. Oh! la maréchale a une terrible police à ses ordres! Si vous saviez tous les piéges qui m'ont été tendus! Il en est un pourtant dans lequel j'ai failli tomber... Il était bien lâche, bien infâme, celui-là! Dans la retraite où je m'étais réfugié d'abord, une lettre m'est parvenue... elle était de mademoiselle Concini.

GLORIETTE. De Marie?

HENRIOT. Oui; la maréchale avait tenté de faire de cette chaste et pure jeune fille la complice d'un meurtre; car c'était pour me tuer, je le sais maintenant, que la maréchale voulait m'attirer dans son hôtel.

MARGOT. Jour de Dieu! dire que je ressemble à cette créature-là, moi!

HENRIOT. Oh! c'était habilement calculé; car il y avait là une tentation charmante. Aussi, ma première pensée fut-elle d'obéir à la douce voix qui m'appelait, et, plus tard, quand la lumière se fit dans mon esprit, quand j'eus deviné le guet-apens sous le rendez-vous, je fus tenté encore de m'élancer dans cette maison, qui devait être mon tombeau, d'aller dire à Marie : « Vous m'avez appelé, me voilà, et je meurs!... »

MARGOT, à part. Comme il l'aime!...

HENRIOT. Je vous fais pitié, n'est-ce pas? Mais je souffre tant, que je me prends parfois à envier la folie de Jacques.

GLORIETTE. Pauvre jeune homme!

JACQUES. Margot!... Margot!... vous êtes toujours là?...

MARGOT. Oui, oui, toujours... et je vais aller arranger mes fleurs à côté de vous. (Elle va s'asseoir sur la marche qui, de la chambre, monte à la terrasse.)

HENRIOT. Oublions tout cela, et parlez-moi du roi!

GLORIETTE. C'est par son ordre que je vous cherchais.

HENRIOT. Par son ordre?

GLORIETTE. « Va trouver Henriot, m'a-t-il dit; porte-lui cet anneau; c'est le plus précieux joyau de mon trésor, car il a été détaché par moi de la main glacée de mon père. »

HENRIOT. De la main... de... (A part, baisant l'anneau.) De mon père! (Haut.) Oh! oui, oui, cet anneau vaut pour moi tous les diamants de la couronne de France! Dites au roi que je ne croirai pas le payer trop cher en le payant de ma vie. Vous ajouterez, Gloriette, que, cette nuit même, ceux qui se sont voués à la délivrance du roi s'assembleront pour se concerter une dernière fois; que demain, à la pointe du jour, quatre mille hommes en armes briseront les portes de sa royale prison, ou se feront tuer jusqu'au dernier. (Baissant la voix.) Dites encore que, si Dieu me vient en aide, j'aurai trouvé d'ici à demain l'autre moitié de la médaille. (Margot se rapproche.)

GLORIETTE. Je n'oublierai rien... A demain donc! Que le ciel vous protége!

HENRIOT. A demain!

GLORIETTE. Adieu, Margot!

MARGOT. Non, à bientôt! (Gloriette sort; Jacques fredonne son refrain.)

HENRIOT. Jacques est là?

MARGOT. Oui.

HENRIOT. Et il va mieux?

MARGOT. Oui.

HENRIOT. Le ciel en soit loué!... Je pourrai sans crainte tenter une nouvelle épreuve?

MARGOT. Que voulez-vous de Jacques?

HENRIOT. L'interroger... savoir enfin...

MARGOT. Oh! mais, je ne veux pas, moi!

HENRIOT. Que dites-vous?

MARGOT. Je ne veux pas qu'on le tourmente, qu'on le rende plus malade... Souvenez-vous donc de la crise qu'il a eue l'autre jour!

HENRIOT. Margot... il faut que je parle à Jacques, il le faut!

MARGOT. Oui, mais parlez-lui doucement, ménagez sa pauvre tête; enfin, ne lui faites pas de mal!

HENRIOT. Le voilà qui vient à nous. (Jacques quitte la terrasse.)

SCÈNE IV.

HENRIOT, MARGOT, puis JACQUES.

JACQUES, entrant. Ma foi, j'ai bien employé ma journée... puis, v'là la nuit qui tombe... Hum! ça sent bon, ici!...

MARGOT. Comment vous trouvez-vous ce soir, mon petit Jacques?

JACQUES. Moi, Margot, je me porte comme le pont Neuf.

MARGOT. Vous ne vous sentez pas fatigué? Vous n'avez pas un brin mal à la tête?

JACQUES. Ma tête, je ne la sens seulement pas; c'est comme si je n'en avais plus.

MARGOT. Que cachez-vous donc là?

JACQUES. Une surprise.

MARGOT. Voyons?

JACQUES. Vous ne devinez pas ce que c'est?

MARGOT, souriant tristement. Je crois que si.

JACQUES. La voilà, ma surprise!

MARGOT. Oh! les jolis souliers! (A part.) Ça m'en fait trente-cinq paires!

HENRIOT, se montrant. Voyons donc le travail de maître Jacques?

JACQUES. Tiens! c'est Henriot!... Bonsoir, Henriot!... Comme il y a longtemps qu'on ne t'a vu!

HENRIOT. Ah! c'est que j'ai aussi beaucoup travaillé, moi!...

JACQUES. Ah! et à quoi donc?

HENRIOT. J'ai essayé de faire de la gravure. (Bas à Margot.) J'ai là l'empreinte de l'autre moitié de la médaille... et peut-être que la vue de cette empreinte réveillera ses souvenirs.

MARGOT, de même. Oui, oui... mais prenez garde, monsieur Henriot, prenez garde!

JACQUES. Il faudra nous montrer ça.

HENRIOT. J'ai précisément là sur moi mon dernier ouvrage.

JACQUES. Voyons ce que c'est?...

HENRIOT. Oh! très peu de chose... la copie d'une médaille... (Jacques se lève brusquement.)

MARGOT ET HENRIOT. Eh bien, qu'avez-vous donc, Jacques?

JACQUES. Moi?... Rien.

HENRIOT, le faisant asseoir doucement. Tu ne veux donc plus voir mon travail?

JACQUES. Si... si...

HENRIOT. Tiens, regarde!... (Il lui place l'empreinte sous les yeux. Jacques la saisit avec vivacité et d'une main tremblante.) Est-ce que tu connais ce sujet-là?...

JACQUES, souriant avec indifférence. C'est drôle, on dirait que c'est de la cire.

HENRIOT. Oui, la copie est en cire, mais le modèle est en bronze. Ne remarques-tu pas qu'il n'y a là qu'une moitié de médaille?

JACQUES. Si, si...

HENRIOT. L'autre a été coupée, perdue... Et je donnerais dix ans de ma vie pour la retrouver...

MARGOT. Jacques, est-ce que ça ne vous rappelle pas le vieux jeton que le gentilhomme masqué vous avait donné pour un ducat?

JACQUES. Il était si vieux, ce jeton, qu'on ne voyait guère ce qu'il y avait dessus!...

HENRIOT. Regarde!

MARGOT. Regardez bien, Jacques.

JACQUES. Je vois... je vois... ça représente une bataille...

HENRIOT. Non, tu te trompes, c'est un massacre.

JACQUES. Oui, voilà des soldats qui tuent de pauvres petits enfants dans les bras de leurs mères.

HENRIOT. C'est le massacre des Innocents...

JACQUES. Des innocents... des innocents... Ah! je me souviens, je me souviens!...

HENRIOT. Enfin!

MARGOT. Vrai... Oh! Jacques, mon bon Jacques!

HENRIOT. Parle, Jacques, parle.

JACQUES. Les Innocents... oui... oui... quand j'ai eu si peur, quand je me suis sauvé de la maison, sans savoir où j'allais... c'est au cimetière des Innocents que je suis entré... c'est au pied du calvaire que je suis tombé... C'est là que j'ai caché la médaille... oui, c'est là... c'est là...

HENRIOT. Oh! Jacques, en es tu bien sûr?...

JACQUES. Je vois la place... je vois la cachette.

MARGOT. La cachette?

JACQUES. Au bas du calvaire en ruines, sous une marche brisée... Oh! je la vois... je la vois...

MARGOT, à Henriot, qui s'apprête à sortir. Où allez-vous, Henriot?

HENRIOT. Au cimetière des Innocents. C'est là qu'on doit se réunir. Le cimetière est gardé par les nôtres... et nul n'y pénétrera sans le mot de passe: « Tout pour le roi! » Je vais savoir si Jacques a dit vrai...

JACQUES. Henriot, où vas-tu?

HENRIOT. Aux Innocents!

JACQUES. Aux Innocents! J'irai avec toi, Henriot.

MARGOT. Miséricorde! vous voulez sortir?

JACQUES. Oh! ne me retiens pas, Margot. A présent... j'ai ma mémoire, j'ai ma raison... Un mot me les a rendues, mais demain, tout à l'heure, je ne saurai plus... je ne me souviendrai plus.

MARGOT. La force vous manquera, Jacques...

JACQUES. Oh! le bon Dieu me donnera la force d'aller jusque-là. Mais il faut courir... Henriot, toujours courir... ne pas perdre une minute.

MARGOT. Mon ami...

JACQUES. Margot... Margot... laisse-moi partir, ne me donne pas le temps d'oublier... Viens, Henriot, viens... (Il sort en entraînant Henriot.)

SCÈNE V.

MARGOT, seule, puis LÉONORA, VILLARS-HOUDAN, TAVANNE.

MARGOT. Oh! je ne peux pas le laisser courir comme ça sans moi dans les rues de Paris! Il ne retrouverait plus son chemin pour revenir. J'ai le mot de passe... J'irai aussi au cimetière des Innocents et je ramènerai Jacques à la maison... Ma mante et ma capuche... voilà tout ce qu'il me faut. (Elle va les prendre sur le bahut, mais elle s'arrête et écoute.) Tiens, j'ai cru entendre encore du bruit dans l'atelier de Henriot... Est-ce qu'il y aurait quelqu'un? (Écoutant.) Oh! cette fois, on a marché là-dedans. On ne me fera pas peur... à moi... et je veux savoir... (Elle ouvre bravement la porte.) Oh! mais je n'y vois goutte, je vais prendre de la lumière. (Elle se baisse vers le foyer pour allumer un flambeau. Pendant ce temps, Villars-Houdan et Tavanne sortent de l'atelier et se glissent dans la chambre; l'un se place à la porte de sortie et l'autre sur la terrasse.) Allons! (Elle entre chez Henriot sans les avoir vus. Moment de silence... puis un cri terrible jeté par Margot.)

VILLARS. Harnibieu! Tavanne, quelle gaillarde!

TAVANNE. Tiange et ses hommes vont-ils en venir à bout?

VILLARS. Si nous leur prêtions main-forte.

TAVANNE. Contre une femme!... Ah! ma foi, non, qu'ils fassent ce métier-là tout seuls... Voyons plutôt si les gens de la maréchale ont pu happer au passage les deux hommes qui sortent d'ici. (Il se penche à la fenêtre.)

VILLARS. Eh bien?

TAVANNE. La nuit est noire en diable, je ne puis rien distinguer... mais j'entends courir dans la rue... C'est pour sûr ces deux hommes que l'on poursuit... Et la femme?

VILLARS, qui regarde dans la chambre. Liée et bâillonnée.

LÉONORA, sort vivement de l'atelier, à la cantonade. Emmenez cette femme à l'hôtel Concini... Vous me répondez d'elle sur votre tête!... Tavanne, Villars, allez vous mettre à la tête de vos hommes, et quand les conjurés seront réunis...

TAVANNE. Nous les prendrons comme dans un piége. Ne faut-il pas prévenir M. de Vitry? Avec ses gardes, il nous prêterait main-forte.

LÉONORA. Non... je me défie maintenant de M. de Vitry, et ne veux compter que sur vous. Allez, messieurs, allez! (Ils sortent.)

LÉONORA. Cet Henriot que j'ai fait suivre, épier, et dont j'ai voulu moi-même surprendre les secrets, Henriot arrêté, conduit à mon hôtel, ne sera plus à craindre. Tout ce que je voulais savoir, je le sais. Imprudent Concini... avec cette médaille, on allait te perdre, mais à tout prix je te sauverai, moi!... Mais comment pénétrer dans le cimetière? comment me glisser au milieu de ces rebelles? Ah! je me souviens, elle me ressemble, cette femme. Ceux-là mêmes qui tueraient la maréchale laisseraient passer Margot... eh bien, avec cette mante, cette capuche. (Elle s'affuble de la mante et de la capuche de Margot.) Pour tous je serai Margot... Oui! allons, de l'audace! Jacques n'ira pas au cimetière des Innocents, et j'irai, moi! (Elle sort.)

CINQUIÈME TABLEAU

LE CIMETIÈRE DES INNOCENTS

Un vaste cimetière abandonné. — Tombes à moitié ruinées. — Au centre, un calvaire dont la croix est brisée et les marches disjointes ou rompues. — Au delà de l'enceinte du cimetière, des maisons. — Dans le cimetière, le chevet de l'église des Saints-Innocents, dont la croisée est praticable. — Au lever du rideau, des bourgeois, des ouvriers, sont assis ou couchés çà et là; quelques-uns, debout, au fond, semblent être placés en faction.

SCÈNE PREMIÈRE.

BARBET, DRAPIER, BOURGEOIS, puis COURTOIS, apprenti de Barbet.

BARBET, regardant autour de lui avec inquiétude. Dites donc, voisin Drapier, savez-vous qu'on a choisi un vilain endroit pour se réunir... un cimetière!

DRAPIER, fourbissant son arquebuse. Oui... le cimetière des Innocents... Je trouve, au contraire, le lieu très-bien approprié à la circonstance.

BARBET. Qu'est-ce que vous faites donc là, voisin?

DRAPIER. Je fourbis ma vieille arquebuse, qui n'a pas parlé depuis les guerres de la Ligue et qui doit être enrouée.

BARBET. Vous êtes un vieux ligueur, vous, un batailleur enragé! Dites donc, voisin Drapier, est-ce que vous croyez qu'on ira jusqu'aux coups d'arquebuse, cette fois-ci?...

DRAPIER. Je ne le crois pas!...

BARBET, respirant. Ah!

DRAPIER. J'en suis sûr!

BARBET. Hein?

DRAPIER. Vous figurez-vous, voisin Barbet, que ces damnés Concini se laisseront choir pour peu qu'on les pousse?... Allons donc! il faudra rudement secouer l'arbre pour qu'il tombe, et gare dessous!

BARBET, à part. Si j'avais su ça.

DRAPIER. Il y aura donc quelqu'un d'écrasé pour sûr, moi ou vous.

BARBET, à part. Lui... je le veux bien.

DRAPIER. Mais la bonne cause triomphera.

BARBET. Vous croyez?... (A part.) Si la cause est bonne, elle triomphera bien sans moi; un homme de plus ou de moins, ne paraîtra pas... (Il se prépare à sortir.)

DRAPIER. Où allez-vous?

BARBET. A la maison... J'ai oublié...

DRAPIER. Quoi donc?

BARBET. Ma hallebarde...

DRAPIER. Allez, et revenez vite.

BARBET. Avec ma hallebarde!

COURTOIS, qui est entré. Ne vous dérangez pas, patron, la voilà!

BARBET, à part. Que la peste l'étouffe, animal!

DRAPIER. Eh! c'est le petit Courtois, votre apprenti!...

COURTOIS. C'est une idée de la bourgeoise... « Comme ça, qu'elle a dit, Barbet ne sera pas obligé de revenir. » Par exemple, comme elle a peur toute seule, elle m'a bien recommandé de rentrer tout de suite pour vous remplacer.

BARBET, à part. S'il pouvait me remplacer ici.

COURTOIS. Il paraît qu'on va se cogner un peu?

DRAPIER. Beaucoup.

COURTOIS. Avez-vous de la chance, patron!... On dit que le maréchal d'Ancre a fait revenir toutes ses compagnies d'arquebusiers, même qu'il arrivera en personne cette nuit... Ça chauffera, patron, ça chauffera! Avez-vous de la chance! On va s'exterminer et je ne peux pas en être!

DRAPIER. Pourquoi?

COURTOIS. La bourgeoise ne veut pas que je m'expose. « C'est bien assez que mon mari soit tué, me disait-elle tout à l'heure... » Ah! Dieu! assommer quelqu'un... casser quelque chose... c'est si amusant!

DRAPIER. Avec nous, garçon, il y aurait des coups à donner.

BARBET. Et à recevoir.

COURTOIS. Oh! moi, je serais généreux, je donnerais et je ne recevrais pas!... Ah! si la patronne voulait me laisser aller... si j'avais seulement une hallebarde!

BARBET. Prends la mienne.

COURTOIS. Hein?

BARBET. Tu es mon apprenti... à la maison, tu es un autre moi-même... Je vais te donner une nouvelle preuve de confiance... bats-toi à ma place.

COURTOIS. Ça me va!

BARBET. Mes amis, je vous laisse Courtois, un autre moi-même.

COURTOIS. Oh! je taperai pour deux!

BARBET. C'est ça... et puis, je serai avec toi... de cœur... Vive la bonne cause! A bas les Concini!

TOUS. Chut!... (Barbet sort en criant tout bas :) A bas les Concini!...

DRAPIER, frappant sur l'épaule de Courtois. Allons, je crois que tout le monde gagnera au change! (A ce moment, la grande croisée de l'église s'illumine.) Attention... voilà le signal convenu, les chefs sont réunis et nous attendent pour donner à chacun sa part de la fête... Viens, garçon, je te mènerai loin, je t'en préviens!

COURTOIS. Jusqu'à l'hôtel Concini, si vous voulez.

DRAPIER. Nous y irons peut-être bien.

COURTOIS. Alors, je vous promets d'y entrer le premier.

DRAPIER. Il a du bon, le petit! (Ils sortent du côté de l'église et disparaissent.)

SCÈNE II.

LÉONORA, seule.

(Quand les conjurés ont disparu à droite, premier et deuxième plans, on voit se glisser au milieu des tombes en ruines une femme couverte de la mante et de la capuche de Margot; cette femme, c'est la maréchale.)

LÉONORA. Je dois être arrivée... oui, voici le calvaire... Un coup de mousquet tiré par Tavanne m'apprendra qu'il est en mesure d'attaquer... mais, avant tout, je voulais pénétrer seule ici et m'emparer de cette médaille que Henriot ne manquera pas de venir chercher... Les gens que j'avais postés pour le prendre n'ont pu que le blesser... Ils ont aussi laissé passer Jacques... Jacques qui devient dangereux!... Grâce à ce costume... au mot de passe que j'avais pu surprendre, je suis arrivée jusqu'ici, résolue à tout... oui, à tout, pour m'emparer de cette preuve qui nous perdrait si elle tombait au pouvoir de Henriot!... C'est sous une pierre que Jacques disait avoir caché la médaille... sous une pierre brisée... mais laquelle... laquelle... Oh! je trouverai... je trouverai!... (Elle se baisse, et en tâtant avec ses mains, elle tourne autour du calvaire et disparaît derrière la croix, cherchant toujours.)

SCÈNE III.

LÉONORA, JACQUES.

JACQUES, accourant. Henriot!... Henriot!... Il n'est pas ici, qu'est-il devenu? « Ami Jacques, me disait-il en faisant tête aux assassins qui s'étaient embusqués sous les piliers, va m'attendre au calvaire; et si je ne peux pas t'y aller retrouver... Margot fera ce que j'aurais fait... » Là-dessus, je me suis remis à courir... et me voilà. Henriot est brave et fort... il se tirera du guêpier et viendra me rejoindre... Voyons si je me reconnaîtrai... Oui... oui... voilà le calvaire... c'est sous une de ces marches que j'ai fait glisser la médaille... oui... la troisième à droite... On n'y voit guère... mais je compterai avec la main. (Il tâte les marches.) Une, deux.

LÉONORA, qui a tourné derrière le calvaire, reparaît à droite, pendant que Jacques est à gauche, et elle ne le voit pas d'abord. Rien! je ne trouve rien! De ce côté peut-être... (Elle avance la main du côté gauche.)

JACQUES, tâtant toujours. Deux... trois... (Les mains de Léonora et de Jacques se rencontrent. — Jacques saisit vivement la main de Léonora.) Qui va là?

LÉONORA, à part. Jacques!

JACQUES. Une femme! c'est une femme!

LÉONORA. S'il me reconnaît... s'il appelle... je suis perdue! (Mettant la main à un petit poignard qu'elle porte à sa ceinture.) Perdue!.. oh! non... pas encore!...

JACQUES. Une femme au pied du calvaire où j'attendais Henriot... une femme... c'est Margot... je reconnais sa mante et sa capuche. Voyons... n'aie pas peur... c'est moi, Jacques... et tu es bien Margot, n'est-ce pas?

LÉONORA, à part. Allons, de l'audace! (A mi-voix.) Oui.

JACQUES. Pourquoi ne me disais-tu rien, pourquoi détournes-tu les yeux comme ça? Ah! je comprends, tu n'oses pas me dire que Henriot est blessé... mort, peut-être!...

LÉONORA. Oui... mort.

JACQUES. Ils l'ont tué, les infâmes!... Mais avant de mourir, il a pu te parler, il t'a dit de venir me trouver ici?...

LÉONORA. Oui... oui...

JACQUES. Et tu es venue, brave fille... Ce que Henriot ne peut plus faire, nous le ferons... cette preuve qu'il voulait porter au roi, je vais te la donner.

LÉONORA. C'est cela... donne... donne...

JACQUES. Un moment... il faut que je la trouve... Elle doit être sous la troisième marche...

LÉONORA, à part. La troisième!...

JACQUES. Mais pour la pouvoir saisir, il faudrait écarter cette pierre, et... Ah! je la sens sous mon doigt...

LÉONORA, s'oubliant. Elle est là!...

JACQUES. Tiens! tu n'as pas ta voix de tous les jours.

LÉONORA, à demi-voix. Je vais t'aider... hâtons-nous!...

JACQUES, lui prenant la main. Je ne te savais pas tant de bagues aux doigts. (Retenant la main que Léonora veut retirer.) Oh! cette main n'est pas celle de Margot... Si je me trompe, parle-moi... regarde-moi!... Tu te tais et tu veux encore me cacher ton visage... Ah! malgré toi, je le verrai, malgré toi, je te connaîtrai! (Il l'entraîne vers la fenêtre illuminée.)

LÉONORA, laissant tomber elle-même sa capuche. Regarde donc!...

JACQUES. Ces traits... sont bien ceux de Margot... et pourtant ce n'est pas elle... Non, non, ce n'est pas elle! Mais, qui que tu sois, tu ne vendras pas notre secret... A moi, Henriot! à moi!

LÉONORA. Tais-toi, pauvre insensé et livre-moi cette preuve.

JACQUES. Moi! la donner à un autre qu'à Henriot? Plutôt mourir.

LÉONORA, le frappant. Meurs donc!

JACQUES. Oh! l'Italienne! (Reculant toujours, il va tomber derrière un mausolée.)

LÉONORA. Du sang!... encore du sang!... Mais si je l'avais épargné, il allait me perdre... Vite... vite, sous la troisième marche!...

LA VOIX DE HENRIOT, à droite. Jacques! Jacques!

LÉONORA. Henriot! toujours Henriot! (Elle se cache derrière le calvaire.) Et Tavanne qui n'arrive pas! (Elle disparaît.)

SCÈNE IV.

LÉONORA, cachée, HENRIOT, DRAPIER, BOURGEOIS ARMÉS.

HENRIOT, aux bourgeois. Ne vous occupez pas de ma blessure et répondez-moi... N'avez-vous pas vu Jacques?... J'ai dû me séparer de lui pour attirer sur moi seul les coups des assassins; n'a-t-il donc pas retrouvé sa route?

DRAPIER. Nous n'avons pas vu Jacques... mais nos chefs sont là, (Montrant l'église.) ils t'attendent, ils nous avaient envoyés au-devant de toi, viens!...

HENRIOT. Je vais les rejoindre... mais, avant, laissez-moi prendre ici ce que Jacques devait me donner.

DRAPIER. Quoi donc?

HENRIOT. Ce que je cherche est là, sous une de ces pierres... Aidez-moi, mes amis, aidez-moi à les soulever.

LÉONORA, à part. A tout prix il faut gagner du temps. (Elle se montre et se place entre le calvaire et Henriot.)

HENRIOT. Une femme!

DRAPIER. C'est Margot.

TOUS. Margot!

HENRIOT. Margot! Oh! elle va vous dire où est Jacques... L'avez-vous vu, parlez!... mais parlez donc!

LÉONORA, à mi-voix. Il n'est pas ici. (Prenant le bras de Henriot.) Venez, venez...

HENRIOT. Où me conduisez-vous?... Ah! vous avez du sang sur la main!

DRAPIER. Il y a aussi du sang sur ces pierres.

LÉONORA, à part. Oh! Tavanne! Tavanne! ne viendras-tu pas?...

DRAPIER, qui a suivi la trace. Et il y a là un cadavre!

TOUS. Un cadavre!

DRAPIER. Celui de Jacques.

HENRIOT. De Jacques?

DRAPIER. Assassiné! Et cette femme, dites-vous, a du sang sur les mains! et elle ne veut pas parler!... Cette femme n'est pas Margot!

LÉONORA, à part. Tavanne! Tavanne! me laisseras-tu mourir ici?

HENRIOT. Oh! femme, nous verrons ton visage! (Le cercle s'est toujours rétréci; Léonora recule toujours; elle arrive au pied du calvaire; Henriot, s'élançant sur elle, lui arrache sa capuche.)

TOUS, reculant. La maréchale! (Coups de feu.)

LÉONORA. Ah! enfin! (Elle gravit les marches du calvaire, embrasse le pied de la croix brisée, et domine ainsi la scène.) A moi, Tavanne! à moi!

SCÈNE V.

LES MÊMES, COURTOIS et BOURGEOIS, venant de droite, puis TAVANNE et SES SOLDATS, arrivant du fond, de droite et de gauche.

TOUS. Trahison! trahison!

COURTOIS. Nous sommes cernés!

TAVANNE, allant à la maréchale. Protégez la maréchale! (Léonora sort.) Rendez-vous, rebelles! rendez-vous!

HENRIOT. Nous rendre, quand nous avons des armes?... Non, jamais!

TOUS. Jamais!

COURTOIS. Bataille!

TOUS. Bataille!

TAVANNE, aux soldats. Soldats! feu sur ces drôles! (Le combat s'engage. — On se bat corps à corps. — Les tombeaux servent d'abri aux bourgeois, qui sont débusqués et poursuivis par les soldats de Tavanne. — La scène reste un moment vide, mais le bruit du combat se fait toujours entendre. — On voit passer, au fond, des soldats poursuivant des bourgeois.)

SCÈNE VI.

JACQUES, puis HENRIOT.

(On voit Jacques se traîner pour arriver au pied du calvaire.)

JACQUES. Ah! de la force, mon Dieu! de la force pour arriver jusque-là... Oh! cette preuve... l'Italienne l'aura volée... Non... non... je la tiens!... la voilà! la voilà!...

HENRIOT, rentrant. Nos ennemis ont reçu du renfort, il faut céder au nombre.

JACQUES. Henriot! Henriot!

HENRIOT. Jacques! Oh! mon ami!...

JACQUES. Ne t'occupe pas de moi, Henriot; tu diras à Margot que j'ai tenu ma promesse. Prends! prends!

HENRIOT. La médaille!

JACQUES. Cache-la vite... et, à présent, si c'est la volonté de Dieu... je puis mourir. (Il tombe sans mouvement sur les marches du calvaire.)

SCÈNE VII.

LES MÊMES, DRAPIER, COURTOIS, BOURGEOIS, puis VITRY, LÉONORA et TAVANNE, SOLDATS DE TAVANNE, et GARDES SUISSES DE VITRY.

DRAPIER. Impossible de résister plus longtemps!... (Les bourgeois sont refoulés par les gens de Tavanne.)

HENRIOT, l'épée à la main. A tout prix je me ferai passage! (Il se trouve en face de Vitry, qui entre avec ses gardes suisses.)

VITRY. A moi, la compagnie de Vitry!

TOUS. Vitry!

VITRY. Tout à l'heure, messieurs les bourgeois, vous avez tenu ferme contre les Picards de Tavanne; mais, devant Vitry, et au nom du roi, vous mettrez bas les armes.

HENRIOT. Jamais! Faites-moi place, monsieur, ou tuez-moi!

LÉONORA, entrant avec Tavanne. A mort celui-là, Tavanne, à mort!

VITRY, repoussant Tavanne, qui veut frapper Henriot. Arrière tous! Là où est Vitry, Tavanne ne commande plus!

LÉONORA. Cet homme était l'âme et le chef du complot.

VITRY. Vraiment!

LÉONORA. Il me faut la vie de cet homme, monsieur!

TAVANNE. Eh bien, alors!...

VITRY. On ne touche pas à mes prisonniers, monsieur.

HENRIOT, bas à Vitry. Oh! monsieur, voir le roi et puis mourir!

VITRY, bas. Vous verrez Louis XIII et vous ne mourrez pas! (Haut.) En marche!... Tous ces rebelles à la Bastille! (Montrant Henriot.) Celui-là au Louvre! (On entraîne Henriot et les bourgeois vers la droite. — Tavanne et les siens tiennent d'autres rebelles en respect. — Léonora regarde partir Henriot.)

LÉONORA. Je suis enfin maîtresse de lui et de son secret. (Elle va à la cachette, mais recule à la vue de Jacques tout sanglant, qui se soulève devant elle.)

JACQUES. Il fallait me tuer tout à fait, la Galigaï... Cherchez... cherchez, vous ne trouverez plus là que du sang!... (Il brave du regard Léonora qui reste immobile et comme frappée d'épouvante.)

ACTE TROISIÈME

SIXIÈME TABLEAU

LA SALLE DES ARMES

SCÈNE PREMIÈRE.

LOUIS XIII, seul, puis DE SOUVRÉ, VITRY, GENTILSHOMMES.

LOUIS. Toute la nuit j'ai entendu des coups de feu du côté de Saint-Eustache, et je n'ai pu rien savoir encore de ce qui s'est passé. Pas de nouvelles de Henriot!... de Henriot qui a payé de sa vie peut-être son dévouement. Oh! quelle incertitude! quelle angoisse!... (Prêtant l'oreille.) Un bruit de pas et de voix dans la cour des Suisses. (Il s'approche avec précaution d'une fenêtre, et regarde dehors.) Des uniformes en désordre, des arquebuses noircies, des soldats blessés... On s'est battu, et je ne sais rien... rien... Ah! c'est intolérable! (Il frappe vivement sur un timbre. — M. de Souvré entre.) Monsieur de Souvré, pourquoi tout ce mouvement dans le quartier des Suisses?...

DE SOUVRÉ. Je l'ignore, sire.

LOUIS, à part. On lui a défendu de parler, à lui comme aux autres... et Gloriette que je n'ai pas vue... Qu'est-elle devenue aussi?... (Haut.) Priez le colonel des suisses de venir me parler... Ah! en sortant, vous laisserez la porte ouverte.

DE SOUVRÉ. Pardon, sire.

LOUIS. Qu'y a-t-il?...

DE SOUVRÉ. C'est que... d'après ma consigne, cette porte doit rester fermée...

LOUIS. Et de qui vient l'ordre?

DE SOUVRÉ. De la reine, sire.

LOUIS. C'est bien! (De Souvré sort.) Contiens-toi, mon cœur, et ne laisse pas voir à mes geôliers tout ce que je souffre!... Il y a du nouveau, c'est certain. Un mouvement inusité se fait dans les escaliers et dans les galeries, on dirait que ces pas se dirigent du côté de cette porte... Non... non... ils prennent tous le corridor qui mène chez la reine, et, parmi ces courtisans, il n'y en a pas un qui se dise: « C'est là qu'est le roi! » (De Souvré rentre.) Eh bien, le colonel Galaty?...

DE SOUVRÉ. Je ne l'ai pas trouvé, sire, il était chez la reine.

LOUIS. Toujours chez la reine. Et M. de Vitry, mon capitaine des gardes, est-il aussi chez la reine?... (Vitry entre avec plusieurs gentilshommes.)

VITRY. Je la quitte, sire, je viens de prendre ses ordres...

LOUIS. Exécutez les miens, monsieur. Je veux monter à cheval...

VITRY. Pour aller où, sire?...

LOUIS. Dans Paris, vive Dieu!...

VITRY. C'est impossible.

LOUIS. Impossible!

VITRY. La reine prie Votre Majesté de ne pas quitter le Louvre.

LOUIS. Et pourquoi?

VITRY. La reine craint pour Votre Majesté, car il y a eu, vers les Innocents, émotion de populaire.

LOUIS. Que s'est-il donc passé?...

VITRY. Votre Majesté pourra le demander à la reine.

LOUIS. Mais qu'elle vienne donc, la reine.

UN PAGE, annonçant. La reine... M. le maréchal d'Ancre.

LOUIS, avec effroi. Le maréchal!

CONCINI, à Vitry. Laissez-nous, monsieur!

SCÈNE II.

LES MÊMES, MARIE DE MÉDICIS, CONCINI.

VITRY. Oui, monseigneur. (Il paraît se retirer; mais, à demi caché par une portière, il assiste à la scène, témoin muet et passionné.)

CONCINI. Sire! (Il s'incline légèrement.)

LOUIS. Monsieur d'Ancre, je vous avais confié le gouvernement de Picardie. Qui donc vous a rappelé?

CONCINI. Personne.

LOUIS. Ainsi, vous avouez être revenu sans ordre?

MARIE. Louis, le retour du maréchal a son excuse dans le dévouement qu'il vous porte.

LOUIS. En effet, j'avais oublié cela.

MARIE. Qu'avez-vous donc, Louis? Je vous trouve tout pâle et tout changé ce matin.

LOUIS. Oh! ce n'est rien, madame; un peu de fièvre, à la suite d'une mauvaise nuit.

MARIE. Je ne suis pas contente... Vous ne prenez pas assez de distractions.

LOUIS. Des distractions... ici?...

CONCINI. Mais je crois, sire, que vous n'en manquez pas... Vous avez la musique, l'équitation, le billard, la chasse dans les Tuileries, et la reine vous a fait donner, la semaine dernière, de charmants canons, avec lesquels vous pouvez battre les petits forts qu'on a construits tout exprès dans le jardin. Vous avez là le siége de Soissons en miniature...

LOUIS. Oui, des jeux d'enfant...

CONCINI. Des jeux de votre âge, sire.

LOUIS. Vous?...

MARIE. N'êtes-vous pas encore un enfant, mon cher Louis? Ne demandez pas à vieillir, allez; vous connaîtrez assez tôt le chagrin, la souffrance, le malheur, peut-être.

LOUIS. Si c'est l'âge qui les donne, je suis bien vieux déjà!

MARIE. Que dites-vous?

LOUIS. Je dis que je devrais être à cette heure devant Soissons, l'épée au poing, au premier rang de mes vaillants et fidèles soldats!...

CONCINI. Pardon, sire, avant d'apprendre à commander, il faut apprendre à obéir, et vous avez encore besoin de précepteurs. Les autres sont-ils contents de vos progrès?... Avez-vous, depuis mon départ, appris beaucoup de choses nouvelles?

LOUIS. Beaucoup.

CONCINI. Allons, tant mieux!

LOUIS. J'ai appris qu'on n'avait pas encore vengé mon père.

CONCINI, à part. Que dit-il?...

MARIE. Louis, l'assassin a été puni de mort!...

LOUIS. L'assassin avait un complice.

CONCINI. Le parlement n'en a pas trouvé.

LOUIS. Le parlement a mal cherché. Ce complice, je l'aurais trouvé, moi, qui ne suis qu'un enfant...

MARIE. Avez-vous quelques soupçons, quelques indices?

LOUIS. Autour de moi, madame, tout le monde a ses secrets; j'ai le droit d'avoir les miens.

MARIE. Louis...

LOUIS. Eh! madame, à qui voulez-vous que je me confie? Je ne suis entouré que d'ennemis, de traîtres!

MARIE. Vous avez des ennemis, je le sais comme vous, mieux que vous, peut-être. Mais, sans compter la reine, la mère qui vous aime, vous avez des serviteurs zélés, des sujets fidèles, et le premier de tous, c'est le maréchal d'Ancre.

LOUIS. Qu'allez-vous donc me demander encore pour lui?...

MARIE. Un titre qui lui permette de veiller de plus près sur votre royale personne.

LOUIS. Je ne comprends pas, madame.

CONCINI, mettant un parchemin devant le roi. Lisez donc, sire!...

LOUIS, lisant. « Ordonnance royale qui confère à mon féal et bien dévoué Concini le commandement général du Louvre. » Et on me demande de signer cela?

CONCINI. A l'instant.

LOUIS. Je refuse!

CONCINI. Sire...

LOUIS. Je refuse!...

CONCINI. Vous signerez.

LOUIS. Jamais!...

CONCINI. Vous signerez, quand je devrais...

MARIE. Ah! c'est le roi, monsieur, c'est le roi!...

LOUIS. O mon Dieu! mon Dieu!... (Vitry, la main sur son épée, s'est avancé de quelques pas.)

CONCINI, l'apercevant. Que voulez-vous donc?

VITRY. Je croyais que le roi m'avait appelé.

CONCINI. Vous vous êtes trompé, monsieur, sortez!...

VITRY, à part. Oh! s'il m'avait seulement regardé! (Il sort.)

CONCINI, à part. La maréchale avait raison, je suis revenu à temps.

MARIE. Louis, mon enfant, faut-il que je demande votre médecin?

LOUIS. Non... non... n'appelez personne... Je souffre, j'ai une fièvre horrible; mais je veux être seul.

MARIE, à Concini. Attendez, maréchal!

CONCINI, bas à la reine. Mais cependant, madame, il me faut cette signature. (Haut.) Sire!...

LOUIS, le repoussant du geste. Encore!... Plus tard, monsieur, plus tard. Vous voyez bien que ma main tremble. Je ne pourrais pas signer, non, je ne le pourrais pas!

MARIE. Maréchal, j'obtiendrai votre pardon, et il signera, je m'y engage.

CONCINI, à part. Qu'il signe ou non, de gré ou de force, je serai gouverneur et maître du Louvre avant une heure! (Il sort avec la reine.)

LOUIS, seul, avec rage. Oh! j'ai été lâche! oui, bien lâche! (Il se cache la tête dans ses mains. Gloriette paraît au dehors de la fenêtre, s'assure que le roi est seul, et frappe aux vitres avec le doigt.) Qui frappe à cette fenêtre?...

SCÈNE III.

LOUIS, GLORIETTE, VITRY.

LOUIS, l'apercevant. Gloriette!... (Il court à la fenêtre et l'ouvre vivement.)

GLORIETTE. Bonjour, sire!

LOUIS. Quel chemin as-tu pris là?

GLORIETTE. Le seul que je puisse prendre pour arriver jusqu'à vous.

LOUIS. Explique-toi vite.

GLORIETTE. Sortie du Louvre pour aller aux nouvelles, j'y étais rentrée sans difficulté, lorsque tout à coup M. de Presle, le lieutenant des gardes, m'a très-gracieusement offert son bras pour me conduire dans la petite orangerie, où il avait ordre de me garder à vue; mais il s'y est si mal pris, que j'ai pu gagner un escalier de service. Je me suis jetée dans le cabinet des oiseaux, dont j'ai refermé la porte derrière moi, j'ai ouvert la fenêtre qui donne sur le même balcon que celle-ci; j'ai suivi le balcon, et me voilà!

LOUIS. As-tu vu Henriot?...

GLORIETTE. Non, sire; mais je sais qu'il s'est battu comme un lion dans le quartier des Innocents.

LOUIS. Il a été blessé, tué, peut-être?

GLORIETTE. Rassurez-vous, il n'est encore que prisonnier.

LOUIS. Henriot entre les mains des Concini! Mais il est perdu!

GLORIETTE. Sauvez-le, sire.

LOUIS. Le sauver!... Comment? comment?

GLORIETTE. Ah! dame... je l'ignore; c'est l'affaire du roi, cela. J'ai fait mon devoir, que le roi fasse le sien. Du courage, donc, du courage!

LOUIS. J'en aurai. Je délivrerai Henriot, ou nous mourrons ensemble!

GLORIETTE. A la bonne heure! Je finirai bien par découvrir dans quelle geôle ou garde Henriot; je viendrai vous l'apprendre, sire, et, fût-il à la Bastille, vous le ferez libre; car, enfin, vous êtes le roi.

LOUIS, à lui-même. Oh! le roi!...

GLORIETTE. Voilà l'heure de vous en souvenir et de le rappeler aux autres. Ah! si j'étais à votre place, je serais déjà hors d'ici, et, si je trouvais les portes fermées, je sortirais par la fenêtre. Ce n'est pas difficile; moi, qui ne suis qu'une femme, j'ai bien pris ce chemin-là pour entrer.

LOUIS. Tais-toi, nous ne sommes plus seuls.

VITRY, entrant par le fond, à part. Ah! cette fenêtre ouverte!... (Haut.) Mademoiselle, veuillez dire à M. de Presle de m'envoyer sur l'heure un serrurier.

GLORIETTE. Un serrurier!... Et pourquoi faire, mon Dieu!

VITRY. Pour clouer et condamner cette fenêtre, par laquelle les jolies filles entrent trop facilement.

GLORIETTE. Oui-da, mon cher monsieur, faites faire vos commissions par d'autres! Je ne fais que celles du roi, je n'obéis qu'au roi; ce qui ne m'empêche pas, monsieur, d'être votre très-humble servante. (Elle le salue en riant, et sort.)

SCÈNE IV.

LOUIS, VITRY.

VITRY. Soit, j'irai moi-même.

LOUIS. Où donc, monsieur?...

VITRY. Je l'ai dit : chercher un artisan qui condamne cette fenêtre.

LOUIS. Vous oseriez cela?...

VITRY. C'est l'ordre du maréchal.

LOUIS. Encore le maréchal!

VITRY. Le maréchal commande seul au Louvre.

LOUIS. Seul!

VITRY. Vous êtes le roi, sire; mais le maréchal est le maître, et j'obéis au maître.

LOUIS. Insolent!

VITRY. Hein?...

LOUIS. Un mot de plus, et je vous coupe le visage avec mon fouet de chasse!

VITRY, avec joie. Ah! vous parlez donc en homme, enfin!

LOUIS. Que dites-vous?

VITRY. Je dis que je suis parti d'ici tout à l'heure, désespérant de vous, et que j'espère à présent.

LOUIS. Je ne vous comprends pas, monsieur.

VITRY. Ah! sire, je puis enfin arracher le masque que je portais. Ah!... j'ai joué un terrible jeu!... Je me suis fait l'âme damnée de Concini pour le perdre; je me suis fait votre geôlier pour vous sauver! Ce misérable avait cru trouver en moi le docile instrument de ses lâches persécutions, et souvent même, j'ai outrepassé ses ordres en me disant: «Louis éclatera plus tôt...» Il n'y a qu'un instant, lorsque ce misérable Italien a voulu froisser votre main royale, j'attendais, j'épiais, j'implorais un signe, un geste, un regard de vous pour l'étendre à vos pieds. Oh! sire, quand je vous voyais courber la tête sous l'injure, subir tout sans vous plaindre, je souffrais bien, allez! Quand je vous voyais pleurer comme un enfant, je pleurais aussi, mais de colère et de rage!... Le cœur vous a battu enfin, et le vieux Vitry qui se serait fait tuer pour votre père, est prêt à donner pour vous tout le sang de ses veines!...

LOUIS, à part. Tout cela est bien étrange!

VITRY. Sire, le maréchal revient aujourd'hui avec des projets sinistres, déterminé à tenir le roi dans ses mains comme il y tient le royaume. Il veut faire du Louvre une prison pour vous, faites-en une tombe pour lui.

LOUIS. Non, non... ne me conseillez pas cela!... Je le ferai arrêter comme coupable de haute trahison, et juger par mon parlement.

VITRY. Le maréchal a des amis puissants, des serviteurs nombreux et résolus, vous pourriez échouer, sire... Il a mérité la mort, qu'il meure!... Vous hésitez encore!... Ayez confiance, sire, car il y a autour de vous vingt gentilshommes ligués avec moi contre les Concini.

LOUIS. Vingt!... c'est beaucoup.

VITRY. Oui, sire, vingt gentilshommes du dévouement et de la discrétion desquels je vous réponds, moi, corps pour corps, âme pour âme.

LOUIS. Monsieur de Vitry, la puissance de mes ennemis, le nombre des espions qui m'entourent, les piéges continuels qu'on cherche à me tendre, tout, enfin, me fait de la défiance une nécessité, un devoir.

VITRY. Ah! sire, il vous faut une preuve de ma fidélité? Eh bien, cette preuve, je vais vous la donner irrécusable, éclatante. (Il va ouvrir une porte latérale et introduit Henriot.)

SCÈNE V.

LES MÊMES, HENRIOT.

LOUIS. Henriot!... libre!...

HENRIOT. Oui, sire, grâce à M. de Vitry, qui m'a tiré des mains de la maréchale et conduit ici.

LOUIS. Henriot!... mon brave Henriot!... Ah! embrasse-moi.

HENRIOT. Mon roi...

LOUIS, baissant la voix. Mon frère!

VITRY. Doutez-vous encore, sire?

LOUIS. Votre main, maréchal.

VITRY. Ce titre.

LOUIS. C'est celui que Concini vous a volé, monsieur, et que vous lui reprendrez aujourd'hui même. Eh bien, Henriot, quelles nouvelles?

HENRIOT. Je viens apporter au roi la preuve que je lui avais promise. (Il lui présente la moitié de la médaille.)

LOUIS. Donne... Oui... c'est bien cela... Oh!... maintenant je saurai trouver le complice.

HENRIOT. Pour vous y aider, sire, je n'ai que des renseignements bien vagues à donner à Votre Majesté.

LOUIS. Parle, parle.

HENRIOT. Dans la nuit du 14 mai 1610, l'assassin qui a été découvert, puni, est entré avec un autre homme chez un fripier du quartier des Innocents... il y a acheté le costume qu'il portait lorsqu'il a été arrêté, et c'est au milieu de la menue monnaie donnée à Jacques que se trouvait cette médaille, qui, partagée entre les deux complices, avait été pour eux un signe de ralliement.

LOUIS. Oui, oui, mais le fripier doit connaître l'homme qui accompagnait le meurtrier; s'il ne sait pas son nom, il a vu du moins son visage?

HENRIOT. Non, sire. Cet homme portait un masque de velours, et il ne l'a pas quitté.

LOUIS. Mon Dieu!... ce lâche complice nous échapperait-il encore?...

VITRY. Non, sire, car à présent je le connais.

LOUIS ET HENRIOT. Vous?

VITRY. Cette nuit-là, le hasard, ou plutôt mon dévouement à votre père m'avait amené aussi dans le quartier des Innocents. J'étais sous les piliers quand le gentilhomme au masque sortit de chez Jacques. La tournure, la démarche de ce gentilhomme étaient bien celles d'un seigneur de la cour, que quelques minutes avant j'avais rencontré au Louvre. Ce qui était un doute pour moi, alors, est devenu une certitude. Ce nom que Henriot ne peut pas vous dire, je vous le dirai, moi.

LOUIS ET HENRIOT. Enfin!

VITRY. Ce complice, Dieu ne pouvait pas le laisser impuni.

LOUIS ET HENRIOT. Non, non...

VITRY. Et Dieu nous le livre.

LOUIS ET HENRIOT. Son nom! son nom!

VITRY. C'est le marquis de Concini, duc et maréchal d'Ancre.

LOUIS ET HENRIOT. Lui!

LOUIS. Oh!... voilà donc pourquoi je le haïssais tant!...

HENRIOT, à part. Son père! (Haut.) Monsieur de Vitry, la preuve!... il nous faut la preuve de ce que vous dites!

VITRY. La preuve?... Elle est dans la déclaration à moi faite, cette nuit même, par Jacques, le fripier des Innocents.

HENRIOT. Jacques!...

VITRY. Qu'on a trouvé ensanglanté, mourant, sur les marches du calvaire des Innocents, où le pauvre insensé était venu chercher cette médaille autrefois cachée là par lui; il m'a déclaré avoir été frappé par la maréchale, qui n'a pas reculé devant un meurtre pour reconquérir ce précieux indice que Jacques avait heureusement pu remettre entre les mains de Henriot.

HENRIOT. C'est vrai!... c'est vrai!...

VITRY. Hésiterez-vous encore à punir?

LOUIS. Non, non, Concini mourra.

HENRIOT. Lui!...

LOUIS. Et c'est toi, Henriot, toi qui m'auras mis sur sa trace. Tu as bien tenu ta promesse, brave cœur! « A moi de vous dire : Voilà le coupable, à vous de le punir, » disais-tu! Tu as fait ta tâche, à moi de faire la mienne.

HENRIOT, à part. Marie!... Marie!...

LOUIS. Oh! ces Concini!... ils me payeront le sang de mon père!... Pour eux, pas de pitié, pas de grâce!...

HENRIOT. Pas de grâce, avez-vous dit?...

LOUIS. Non!

HENRIOT. Je vais pourtant vous en demander une.

LOUIS. Toi?...

HENRIOT. Oui, sire, le premier acte que signera votre main ne peut pas être un arrêt de mort.

LOUIS. Tu m'implores pour Concini... toi!... toi!... pour Concini qui a tué mon père! (Bas.) Le tien, Henriot, le tien!

HENRIOT. Sire, vous pouvez être juste et clément. Je vous demande de me signer un sauf-conduit devant lequel toute menace devra se taire, tout obstacle s'aplanir, tout danger disparaître, et je vous le demande à genoux avec des sanglots plein le cœur; et cette faveur, cette grâce sera la seule que Henriot sollicitera jamais de Votre Majesté.

LOUIS, le relevant. Henriot, je ne puis rien te refuser... rien que la vie de cet homme!... Ce n'est pas la vie de Concini que tu me demandes?

HENRIOT. Ce n'est pas lui que je veux sauver.

LOUIS. Qui donc?

HENRIOT. C'est une pauvre jeune fille, que vous ne pouvez pas condamner.

LOUIS. Le nom de cette jeune fille?

HENRIOT. Son nom est maudit, et pourtant...

LOUIS. Son nom?

HENRIOT. Marie Concini.

LOUIS. La fille de l'assassin!

HENRIOT. Vous signerez ce sauf-conduit!

LOUIS. Moi?...

HENRIOT. Oh! vous le signerez! Elle est innocente du crime. Si elle meurt, je mourrai! Si vous voulez la frapper, frappez-moi.

LOUIS. Mais, pourquoi donc me pries-tu ainsi pour elle, pourquoi?

HENRIOT. Parce que je l'aime!

LOUIS. Toi!

HENRIOT. Comprenez-vous tout ce que j'ai dû souffrir depuis que le nom du coupable vous a été révélé! Ce coupable, vous l'avez dit, c'est moi... moi qui le place sous la hache de votre bourreau, et c'est le père de Marie! C'est un assassin, il doit mourir, il mourra, c'est juste; mais c'est le père de Marie! Oh! mon amour est impie, sacrilège, et je ne puis l'arracher de mon cœur. Je luttais contre cet amour, je l'avais étouffé dans mon sein quand Marie était heureuse et toute puissante. A présent que le malheur la frappe, que votre justice la menace, je l'aime!... je l'aime!...

LOUIS. Mais, qu'espères-tu? que veux-tu?

HENRIOT. Je n'espère rien, mais je veux la sauver ou mourir avec elle, avant elle, et vous, sire, vous ne pouvez pas vouloir que je meure.

LOUIS. Mourir!... toi!... toi... Henriot! (Allant à la table et écrivant.) Oh! non! non!... Tiens! voilà ce que tu demandes... Henriot!... va faire grâce à Marie!... toi, Vitry, fais justice!...

SEPTIÈME TABLEAU

LE GRAND ESCALIER DU LOUVRE

SCÈNE PREMIÈRE.

VITRY, GALATY, SAINT-GÉRAN, DE GUICHAUMONT, DE SOUVRÉ, ET AUTRES GENTILSHOMMES.

(Au lever du rideau, le grand escalier et la galerie supérieure sont garnis de gentilshommes qui, tout en causant par petits groupes, semblent attendre quelqu'un. Vitry et Galaty entrent par la porte de gauche au bas de l'escalier.)

VITRY. Vous m'avez bien compris, n'est-ce pas, colonel? Quoique ce jeune homme soit porteur d'un sauf-conduit signé du roi, retenez-le au Louvre jusqu'à ce que je lève ses arrêts. (Plus bas.) Vous m'assurez que nous n'avons rien à craindre de vos suisses?

GALATY. Rien.

VITRY. Et si nous réussissons, ils seront pour nous?

GALATY. Ils seront, comme moi, aux ordres de Sa Majesté.

VITRY. C'est bien. (Galaty sort par la droite. — A part.) Une indiscrétion de Henriot, une parole imprudente pouvaient donner l'éveil au Concini, et Henriot, qui est à présent sous bonne garde, ne quittera le Louvre que lorsque nous en aurons fini avec le maréchal. (Haut.) Rien de nouveau, messieurs?

SAINT-GÉRAN. De Presle vient de sortir du Louvre.

VITRY. Tant mieux! c'est un ennemi de moins dans la place.

SAINT-GÉRAN. On prétend qu'il est allé chercher du renfort au Luxembourg, et qu'on va doubler la garde du palais, sur l'ordre de la reine mère.

VITRY. Fausse alerte! La reine mère ne donne plus d'ordres.

SAINT-GÉRAN. Le maréchal en donne toujours, lui... Écoutez...

VITRY. Qu'est-ce que c'est que cela? Les tambours battent aux champs!

SAINT-GÉRAN. Le roi n'est pas sorti, pourtant.

VITRY. Et la reine est chez elle... Pour qui donc ces honneurs?

SCÈNE II.

LES MÊMES, LÉONORA.

LÉONORA, venant de la droite. Pour le maréchal d'Ancre, messieurs, pour le gouverneur du Louvre, qui passe, dans le jardin des Tuileries, la revue des troupes qu'il a ramenées avec lui.

VITRY. M. le maréchal n'est pas encore gouverneur du Louvre, madame.

LÉONORA. S'il n'en a pas encore le titre, il en a le pouvoir, et il espère qu'aujourd'hui, comme toujours, vous lui prêterez bonne et loyale assistance. M. le maréchal ne possède-t-il pas, d'ailleurs, deux talismans irrésistibles... l'or qui récompense, et le fer qui punit. Le maréchal peut compter sur vous, n'est-ce pas, messieurs?

VITRY, à part. Insolente!

LÉONORA. Soyez assurés qu'il payera chacun suivant ses œuvres. Deux mots, monsieur de Vitry?

VITRY, à part. Patience! patience!...

LÉONORA, à demi voix. Où est le prisonnier que vous avez fait, cette nuit, au charnier des Innocents?

VITRY. On a arrêté là beaucoup de monde... De quel prisonnier madame la maréchale veut-elle parler?

LÉONORA. Vous devez bien le savoir, monsieur.

VITRY. Non, madame.

LÉONORA. Vraiment?

VITRY. Comment s'appelle-t-il?

LÉONORA. Henriot.

VITRY. Henriot... Ah! oui, oui.

LÉONORA. La mémoire vous revient... j'en suis ravie. Où avez-vous conduit cet homme?

VITRY. Au Louvre, madame.

LÉONORA. Cet Henriot est notre ennemi personnel... Ce n'était donc pas au Louvre que vous deviez le conduire, mais à l'hôtel d'Ancre.

VITRY. J'ignorais, madame, que votre hôtel fût une prison d'État... j'aurais dû me souvenir pourtant que vous y gardiez déjà une jeune femme, enlevée violemment de chez elle par vos ordres...

LÉONORA. Qui vous a dit cela?

VITRY. Jacques.

LÉONORA. Jacques!

VITRY. Oui... un pauvre diable qu'on avait laissé pour mort au pied du calvaire des Innocents, où il avait été frappé d'un coup de poignard par...

LÉONORA. Par qui, monsieur?

VITRY. Par une main inconnue, mais inhabile, heureusement pour Jacques.

LÉONORA. Revenons à Henriot, monsieur... à Henriot, que vous allez faire transférer à l'hôtel d'Ancre.

VITRY. Je regrette que cela soit impossible.

LÉONORA. Impossible... même si je vous l'ordonne, monsieur?

VITRY. Même si vous me l'ordonnez, madame.

LÉONORA. Et pourquoi donc?

VITRY. Parce que cet Henriot n'est plus au Louvre.

LÉONORA. Et qui donc a osé le faire libre?

VITRY. Le roi, madame...

LÉONORA, à part. Oh! je savais bien que ce Vitry nous trahissait! (Haut.) Marie de Médicis est encore régente, et vous apprendrez bientôt, monsieur, à quel maître vous devez obéir. (Elle commence à gravir le grand escalier.) Malheur à qui ne sera pas pour nous et avec nous... Quelque puissant qu'il se croie, celui-là, il sera brisé!... Regardez, messieurs, dans la grande cour du Louvre, regardez donc... (Elle est arrivée devant la grande fenêtre de la galerie.) S'il y a des conspirateurs ici... ils ont mal choisi leur temps... A bientôt, monsieur de Vitry, à bientôt! (Elle entre chez la reine.)

SAINT-GÉRAN, regardant à droite. La maréchale a dit vrai, messieurs, la compagnie de Tavanne s'installe dans la grande cour du Louvre... elle est envoyée là par Concini... et, tout à l'heure, en traversant les antichambres... j'ai vu les gardes de la reine affûter leurs arquebuses derrière les fenêtres.

DE SOUVRÉ, accourant de la droite. Nous sommes perdus... M. de Villars-Houdan prend position au pont Tournant... et tous les postes sont occupés par ses hommes.

SAINT-GÉRAN. Voici le Louvre tout entier au pouvoir de l'Italien. Que dites-vous de cela, Vitry?

VITRY. Je dis que le Concini se fait bien attendre.

DE SOUVRÉ. Croyez-vous qu'il nous soit encore possible de faire ce que vous avez résolu?

VITRY. Je ne demande pas si c'est possible, messieurs, mais j'ai une consigne et je l'exécuterai. Le roi m'a dit : «Tue-le! » et je le tuerai!

DE SOUVRÉ. La mort de Concini sera notre perte à tous. Ses partisans le vengeront, et nous serons écrasés sous le nombre.

VITRY. Je croyais que les Souvré ne comptaient jamais leurs ennemis... Messieurs, que ceux d'entre vous qui ont peur se retirent. (Toutes les mains se tendent vers Vitry, qui les presse.) A la bonne heure! faisons notre devoir... advienne que pourra.

DE SOUVRÉ. Un dernier mot, Vitry... Êtes-vous bien sûr des suisses?

VITRY. Pardieu!... Le colonel Galaty est des nôtres, et il a même eu une excellente idée pour occuper ses hommes.

DE SOUVRÉ. Laquelle?

VITRY. C'est de leur faire jouer leur air national. Il est sûr ainsi de leur faire oublier tout le reste. On s'égorgerait à deux pas d'eux, qu'ils se pâmeraient d'aise au souvenir de leurs montagnes... (On entend « le Ranz des vaches » au dehors.) Eh! que vous disais-je?... Le Concini ne doit pas être loin.

SAINT-GÉRAN, du fond. Le maréchal vient d'entrer au Louvre, et Tavanne fait charger les mousquets de sa compagnie.

VITRY. Ne nous occupons que de Concini... Chacun à son poste... La Chesnaye à la première porte avec Persan, Guichaumont et de Chaulnes... Marcillac et Morsains à l'entrée de la cour des Suisses... Saint-Géran, de Souvré et les autres rangés le long des degrés... Tous, l'air insouciant et désœuvré... Et maintenant, attendez le signal, c'est moi qui le donnerai. (Il va se placer sur la dernière marche de l'escalier. Les gentilshommes ont exécuté ses instructions dans le plus grand silence. On n'entend pas d'autre bruit que « le Ranz des vaches » au dehors. Concini arrive bientôt, accompagné de Villars-Houdan, de Tavanne, de Tiange et de quelques autres de ses partisans. Magnifiquement vêtu d'un pourpoint de toile d'or noir, avec un jupon et haut-de-chausses de velours gris brun à grandes bandes de Milon. Il paraît très-joyeux et rit aux éclats.)

SCÈNE III.

LES MÊMES, CONCINI, VILLARS-HOUDAN, DE TAVANNE, TIANGE, et autres créatures du maréchal.

CONCINI. Ah! ah! ah! l'excellente riposte, per Bacco! Ce Bassompierre, du reste, n'en a jamais fait d'autres!... Bonjour! messieurs, bonjour. (Les gentilshommes portent la main à leur chapeau.) Il faut que je vous conte ce que me disait Tavanne. Vous savez que Bassompierre a au jeu un bonheur insolent, contre M. de Guise surtout, à qui il gagne bien cinquante mille écus par an : figurez-vous que, l'autre soir, madame de Guise lui offrit dix mille écus de rente viagère, s'il voulait s'engager à ne plus jouer contre son mari. « Ah! par ma foi, non, madame, répondit notre homme, j'y perdrais trop... » Ah! ah! n'est-ce pas que c'est fort plaisant?

TAVANNE, à voix basse. Remarquez-vous, monseigneur, qu'ils ne rient pas du tout?

CONCINI, riant toujours. C'est que Bassompierre leur a peut-être aussi gagné leur argent... Attendez-moi ici, messieurs, je vais faire signer mon brevet au petit roi... La régente a la faiblesse de tenir au griffonnage de son royal fils... Et, par la mordieu!... j'aurai sa signature, cette fois!

TAVANNE. Je vous jure, monseigneur, qu'il y a ici danger pour vous. N'avancez pas; je viens d'apercevoir le canon d'un pistolet sous le manteau de M. de Persan!

CONCINI. Vous êtes fou! (Élevant la voix.) Ah! messieurs, savez-vous ce qu'on me dit? Que vous complotez contre moi, et que vous en voulez à ma personne. Qu'en dites-vous, monsieur de Vitry?

VITRY, au haut de l'escalier. On vous accuse bien, vous, monseigneur, de vouloir vous emparer traîtreusement du Louvre et d'en faire une Bastille pour le roi.

CONCINI. Pour gouverner ce pays, il faut mieux qu'une tête et qu'un bras d'enfant. Vous savez bien tous que Louis n'est qu'un enfant, et qu'il n'y aura jamais cervelle de roi sous sa couronne. Nous gouvernerons donc à sa place ce beau royaume de France. (Il commence à monter.)

VITRY. Prenez garde, monsieur; qui veut trop s'élever glisse et tombe.

CONCINI, montant toujours. Vive Dieu! je ne reculerai pas d'une semelle, ne fût-ce que pour voir jusqu'où la fortune peut pousser un homme. (Il s'arrête pour écouter le Ranz des vaches.) C'est vraiment joli, cet air-là... il y a de la patrie là-dedans... (Il continue de monter lentement, et arrive près de Vitry.)

VITRY, lui posant une main sur l'épaule. J'ai ordre du roi de vous arrêter.

CONCINI, portant la main à son épée. Moi!

VITRY. Ou de vous tuer, si vous résistez.

CONCINI. Je résisterai!... A moi, Villars! Tavanne!

VITRY. Meurs donc, rebelle! (Il lui tire un coup de pistolet; les autres gentilshommes l'attaquent en même temps, et, roulant de marche en marche au milieu d'un tourbillon de fumée, Concini, percé de coups, vient tomber mort au bas de l'escalier. — A de Souvré.) Souvré, allez dire au roi ce que nous avons fait. (De Souvré entre chez le roi.)

TAVANNE. Au meurtre! à nous les hommes d'armes! (La scène est envahie par les soldats de Tavanne, et les gentilshommes ont mis l'épée à la main, le pistolet au poing, et s'élancent sur l'escalier, où ils se retranchent. — Aux soldats.) Soldats! mort aux assassins! (Aux cris de: « Mort! mort! » les arquebuses se dirigent vers Vitry et les siens. A ce moment, Léonora, sortant vivement de chez la reine, paraît sur la galerie.)

LÉONORA. Qu'y a-t-il donc?

TOUS. La maréchale!... (Tavanne jette son manteau sur le cadavre de Concini.)

LÉONORA. Pourquoi ce tumulte, ces cris? Pourquoi ces épées nues? Que se passe-t-il donc ici? (Elle commence à descendre, et trouve Vitry sur les premières marches.) Répondez-moi, monsieur de Vitry! Mais parlez donc! (Elle lui saisit le bras.) Ah! votre main est tachée de sang, monsieur!

VITRY. Comme la vôtre l'était cette nuit, madame!

LÉONORA, descendant et regardant les marches, car tout le monde s'écarte devant elle. Et là... là... sur ces marches... du sang, encore du sang!

VITRY. Comme sur les marches du calvaire des Innocents.

LÉONORA. Oh! mon Dieu!... mon Dieu!

TAVANNE, se plaçant vivement entre elle et le cadavre. N'approchez pas, madame, n'approchez pas!

LÉONORA. Je suivrai jusqu'au bout cette trace!... Laissez-moi... laissez-moi! Que cache ce manteau?

TAVANNE. Ne restez pas ici, madame... laissez-nous le venger!

LÉONORA. Le venger!... qui?... mais qui donc?... (Elle soulève le manteau.) Ah! ils l'ont tué! (Elle tombe à genoux près du corps de Concini.)

TAVANNE. Vengeance! vengeance!...

VITRY, du haut de la galerie. Le roi, messieurs, le roi! (Louis sort de la gauche, suivi du colonel Galaty et de quelques officiers.)

SCÈNE IV.

LES MÊMES, LE ROI, DE SOUVRÉ, GALATY, OFFICIERS.

(A la vue du roi, toutes les épées s'abaissent et tous les fronts se découvrent.)

LOUIS, avec fermeté. M. de Vitry n'a fait que ce que nous lui avions ordonné, et nous déclarons traîtres et rebelles tous ceux qui obéiraient à d'autres commandements qu'aux nôtres. La reine mère partira ce soir pour notre château de Blois; la régence est finie, notre règne commence!... Nous oublierons le passé, et tiendrons pour bons et fidèles sujets tous ceux qui viendront à nous... Monsieur le maréchal de Vitry, et vous, messieurs, venez recevoir les ordres du roi... (Le roi rentre à droite, suivi de Vitry et des siens, qui ont crié: « Vive Louis XIII! » Les partisans du maréchal, qui avaient hésité d'abord, suivent le mouvement, et gravissent aussi l'escalier.)

VILLARS, à Tavanne. Faisons comme tout le monde, Tavanne. (Il monte aussi l'escalier. Tavanne est resté seul debout derrière la maréchale, qui, abîmée dans sa douleur, n'a rien vu, rien entendu de ce qui s'est passé autour d'elle.)

LÉONORA, relevant la tête. Seule... seule auprès de ce cadavre... abandonnée... abandonnée par tous! Oh! les lâches! les lâches!

TAVANNE. Je vous dois tout, et je suis resté, madame!... Mais la nouvelle de votre ruine est déjà connue... Entendez-vous ces cris au dehors?

LÉONORA. Eh! que m'importe, à présent?

TAVANNE. N'entendez-vous pas que cette foule crie: « A l'hôtel d'Ancre?... » N'y avez-vous donc rien laissé, madame?

LÉONORA. Ah! Marie!... ma fille... ma fille, qu'ils tueront comme ils l'ont tué, lui!...

TAVANNE. Votre devoir est de la protéger, de la défendre. Venez, venez, madame.

LÉONORA. Oui, oui... partons, Tavanne... partons! Mais je ne peux pourtant pas laisser là sans prière le corps de mon mari!... Non... non... je ne le peux pas!

TAVANNE. Votre fille, madame, songez à votre fille!

LÉONORA. Oui, oui!... Lui-même, s'il pouvait parler, me dirait: « Sauve notre Marie, sauve notre enfant!... » (Baisant le front de Concini.) Pour toi toutes mes larmes! pour Marie tout mon sang!... A l'hôtel d'Ancre, Tavanne!... à l'hôtel d'Ancre!

ACTE QUATRIÈME

HUITIÈME TABLEAU

LE TRÉSOR DE LA MARÉCHALE.

Une chambre de l'hôtel d'Ancre. — Porte au fond. — Deux portes à gauche; grande fenêtre praticable à droite.

SCÈNE PREMIÈRE.

MARIE CONCINI, puis PIETRO.

MARIE. Pietro tarde bien à revenir, et je commence à être inquiète... Pourvu qu'il ait réussi! (Voyant entrer Pietro.) Ah!... Eh bien?

PIETRO. J'ai exécuté vos ordres, signora...

MARIE. Sans être découvert?

PIETRO. Oui, signora.

MARIE. Merci!

PIETRO. Mais je n'oserai plus maintenant me présenter devant la maréchale, ni braver la colère du maître.

MARIE. N'attends pas que cette colère éclate; il est juste qu'elle ne frappe que moi... Prends ces bagues, ce collier... et pars, pars vite... (Pietro sort.) Ma mère me pardonnera-t-elle?... Je ne sais comment j'ai osé faire cela! C'est ma conscience qui a parlé, c'est mon cœur qui m'a entraînée; et, en agissant ainsi, c'est à lui surtout que j'ai pensé, à lui, que je ne dois plus revoir, peut-être! (Murmures et cris.) Pourquoi ces clameurs? pourquoi ces groupes devant l'hôtel?

VOIX, au dehors. Mort aux Concini!...

MARIE. Ah! toujours l'insulte!... toujours la haine! (La maréchale accourt, les cheveux épars, les vêtements en désordre.)

SCÈNE II.

MARIE, LÉONORA.

LÉONORA. Marie!...

MARIE. Ma mère... ma mère... qu'avez-vous? que se passe-t-il?

LÉONORA, l'embrassant. Ma fille... ma fille... ne t'alarme pas, mon enfant, ne tremble pas ainsi... Nous sommes en disgrâce, le roi nous exile, la sédition nous menace... mais Tavanne organise la défense de l'hôtel, et, si grand que soit le péril, nous lutterons... nous lutterons!... Ma fille, ma fille chérie!... regarde-moi!... embrasse-moi!... Ah! j'ai bien besoin de ta tendresse, va!

MARIE. Ma mère, vous avez pleuré... vous pleurez encore...

LÉONORA. Ah! je ne t'ai pas assez aimée, Marie!... Comme aux heures suprêmes on regrette amèrement tout ce qu'on a méconnu!... Comme on comprend tout le prix des joies perdues!... Insensée que j'étais!... j'ai donné ma vie à l'ambition, au lieu de te la donner à toi, Marie!

MARIE. Oh! n'avez-vous pas toujours été pour moi la meilleure des mères?

LÉONORA. Non, Marie, non!... Oh! mais, l'avenir nous reste... nous irons à Florence, et là, dans notre beau pays, nous vivrons l'une pour l'autre!

MARIE. Mon père ne partira-t-il pas avec nous?

LÉONORA. Ton... père...

MARIE. Il tarde bien...

LÉONORA. Oh! sois tranquille... il va venir... bientôt... (A part.) Ah! mon cœur se déchire!... (Explosion de cris et de coups de feu.) Ne crains rien, te dis-je, et reste là, près de moi, dans mes bras, sur mon cœur!... Tavanne est là, Tavanne va dégager les abords de l'hôtel et nous pourrons fuir...

MARIE. Toujours ces cris de menace!... Mais que veulent ces hommes? que demandent-ils?

VOIX, au dehors. Margot!... Margot!...

LÉONORA, avec joie. Margot!... Ah! je l'avais oubliée... C'est le salut, peut-être!

MARIE. Le salut...

LÉONORA. Oui, à présent, j'ai un otage...

MARIE. Un otage...

LÉONORA. La vie de cette femme me répondra de la tienne! A moi de menacer, maintenant!

MARIE. Ma mère, ma mère... cet otage, vous ne l'avez plus...

LÉONORA. Margot?

MARIE. Margot n'est plus dans l'hôtel.

LÉONORA. Pietro m'a donc trahie?...

MARIE. Non, c'est moi...

LÉONORA. Toi?

MARIE. Pardonnez-moi, ma mère... cette femme m'avait protégée et j'ai eu pitié d'elle!

LÉONORA. Ils n'auront pas pitié de toi... malheureuse enfant! je n'ai plus rien pour te défendre... rien!... plus rien!...

SCÈNE III.

LES MÊMES, TAVANNE.

TAVANNE, entrant un mousquet à la main. Madame, madame... toute résistance est impossible!... La foule a brisé les portes de l'hôtel et envahi la cour d'honneur... Dans un instant, elle sera ici!... Voyez, voyez!

LÉONORA, à la fenêtre. Oh! oui, nous sommes vraiment perdus, car, au milieu de cette multitude, je le vois, lui... lui!... l'implacable ennemi de notre maison...

TAVANNE. Henriot!...

MARIE. Henriot!... Ah! il vient nous sauver!...

TAVANNE. Il accourt... il approche... agitant un parchemin au-dessus de sa tête!

LÉONORA. Notre arrêt de mort, sans doute.

TAVANNE. Il ne l'apportera pas!... (Il tire un coup de feu.) Il est tombé!

MARIE. Ah! (Elle s'évanouit.)

LÉONORA. Marie, ma fille... évanouie... mourante!... O mon Dieu! mon Dieu!...

TAVANNE. Écoutez-moi, madame, il n'y a plus pour vous qu'un moyen de salut... J'avais, vous le savez, toute la confiance du maréchal, et l'hôtel d'Ancre n'a pas de secrets pour moi... De ce côté existe un passage souterrain, conduisant à la rivière, une barque y est toujours amarrée... C'est par là qu'il faut fuir!...

LÉONORA. Oui... partez donc avec elle, Tavanne, vous ne pouvez sauver qu'elle!... Si je l'accompagnais, ma présence à ses côtés la dénoncerait à la haine de ce peuple impitoyable, qui reconnaîtrait et poursuivrait la maréchale d'Ancre! Pour que Marie puisse vivre, il faut que ces bourreaux me trouvent ici et qu'ils m'y tuent!... Vous confierez Marie à la reine, qui ne peut avoir oublié notre amitié et qui viendra en aide à l'orpheline... (Cris au dehors.) Ecoutez... la stupeur de la foule a fait place à la rage... Avec l'aide de mes Florentins, dont ma présence doublera le courage, je défendrai le terrain pied à pied... Il vous faut cinq minutes à peine pour mettre Marie à l'abri de leurs coups... Vous les aurez, Tavanne, sur ma vie, vous les aurez! (Elle sort.)

TAVANNE. Allons! (Il va ouvrir la porte du souterrain; mais accueilli par une décharge, il n'a que le temps de refermer cette porte.) Le passage est découvert!... Où emporter cette enfant?... où la cacher?... Ah! là!... là... (Il fait jouer le ressort d'une issue secrète dans laquelle il enferme Marie.) Elle y sera en sûreté!... Et maintenant, à la maréchale!... (Il se trouve en face de Courtois et de Drapier qui s'élancent par la fenêtre.)

SCÈNE IV.

LÉONORA, JACQUES, COURTOIS, DRAPIER, HOMMES DU PEUPLE.

COURTOIS. J'avais bien dit que j'entrerais le premier!

DRAPIER. Un homme... Eh! je le reconnais!... c'est celui qui a tiré sur Henriot!... (Il fait feu à son tour sur Tavanne qui tombe.) Mais je viserai mieux que lui!

COURTOIS. Victoire! victoire!... (La chambre est envahie de tous côtés.)

TOUS. La maréchale!

LÉONORA, rentrant et voyant Tavanne à terre. Tavanne... mort!... Et Marie... où est Marie?... Ah! elle aura fui là, sans doute!... (Elle se place devant la chambre de Marie.)

DRAPIER. Nous la tenons donc enfin, la Galigaï!

LÉONORA. Que voulez-vous? que demandez-vous? (Se trouvant en face de Jacques, qui arrive du fond avec une foule de peuple qui poursuivait Léonora.)

JACQUES. Margot!... Qu'as-tu fait de Margot, misérable?

TOUS. Margot!

LÉONORA. Cette femme n'est plus ici!

JACQUES. Alors, c'est que tu l'as tuée!...

LÉONORA. Moi?... moi?...

JACQUES, montrant sa poitrine ensanglantée. Un meurtre de plus... qu'est-ce que cela pour la Galigaï?

LÉONORA. Non, non, je ne suis pas coupable, je vous l'atteste!

JACQUES. Tu mens!...

LÉONORA. Je vous le jure!...

JACQUES. Tu mens!...

LÉONORA. Je vous le jure sur la vie de ma fille!...

JACQUES. De ta fille?... Tu as une fille, c'est vrai!... Nous l'avions oublié!... Marie Concini nous servira d'otage!

TOUS. Oui! oui!

LÉONORA. Ah! mon Dieu! mon Dieu!.. Mais ils la tueront

DRAPIER. Ta fille!...

TOUS. Ta fille!...

LÉONORA. Arrêtez, démons, arrêtez!

JACQUES. C'est là qu'elle doit être! (Léonora retire vivement la clef qu'elle cache.)

DRAPIER. Il nous faut la clef de cette porte!

LÉONORA. Non, non!

COURTOIS. Eh! nous n'en avons pas besoin!... (Frappant sur la crosse de son mousquet.) V'là le passe-partout!

LÉONORA. Eh bien, non! moi vivante, vous ne passerez pas!... Oh! s'acharner ainsi, toute une foule, contre une pauvre enfant!... vous, vous, des hommes!... Il y a des pères parmi vous, et c'est eux que j'invoque, c'est eux que je prie, car ils savent ce que sont pour nous des enfants!... Qu'on nous haïsse, qu'on nous torture, qu'on nous égorge... soit!... mais, elle, épargnez-la! épargnez-la!...

JACQUES. Paroles perdues, la Galigaï!... Autrefois, j'étais bon, parce que j'aimais Margot, et que je l'avais toujours là, près de moi; mais à présent que je l'ai perdue, à présent que tu l'as tuée... je rendrai le mal pour le mal!... Allons, passage! Oh! Margot! morte ou vivante, il faut que je la retrouve!... Allons, place à Jacques Bonhomme!

LÉONORA. Grâce! grâce pour ma fille! (Jacques l'écarte violemment et franchit le seuil, suivi de quelques hommes.) Ah! perdue!...

DRAPIER, rentrant. Personne!...

LÉONORA, à part, avec joie. Personne!... Elle aura pu gagner la chapelle!

DRAPIER. Oh! mais, si bien que tu l'aies cachée, nous saurons la trouver, va! dussions-nous demander aux flammes de nous la livrer!

LÉONORA. Aux flammes!...

DRAPIER. Allons! le feu à l'hôtel!...

TOUS. Oui, oui!...

LÉONORA. Le feu! (A part, avec inspiration.) Ah! il me reste encore un espoir! (Haut.) Courage... engloutissez donc aussi dans ces ruines fumantes le trésor des Concini!

DRAPIER. Hein?... Que dit-elle?

LÉONORA. Je dis que dans une cachette connue de moi seule maintenant, nous avons entassé des monceaux d'or et de pierreries; qu'il y a là de quoi acheter un royaume, et que tous ces lingots, toutes ces richesses, je suis prête à vous les livrer!... Voilà ce que je dis, et maintenant vous êtes libres de faire de l'hôtel d'Ancre un amas de ruines et de cendres!...

TOUS. Le trésor! le trésor!

LÉONORA. Eh bien, prenez, prenez tout!... (Faisant jouer le ressort de l'issue secrète.) C'est là! (Courtois et Drapier, suivis de quelques autres, pénètrent dans la cachette.)

LÉONORA, à part. Ah!... j'ai pu détourner le danger... et qu'est-ce qu'un trésor auprès de mon enfant?... (Entendant un cri de Marie dans la cachette.) Marie!.. O justice divine! c'est moi qui la livre! c'est moi qui la tue!... Mais non, non, c'est impossible! (Bondissant comme une lionne et ressaisissant Marie qui paraît.) Venez donc l'arracher de mes bras, misérables!...

TOUS. A mort! à mort!

HENRIOT, accourant. Arrêtez!

SCÈNE V.

LES MÊMES, HENRIOT, VITRY, GARDES.

TOUS. Henriot!

LÉONORA. Vivant encore!

HENRIOT. Arrêtez!... Marie Concini est libre! Voici sa grâce écrite et signée de la main de Louis XIII.

VITRY. Si le roi pardonne, il sait aussi punir! (Désignant Léonora.) Cette femme, à la Bastille!

MARIE. Ma mère! ma mère!...

LÉONORA. Marie!... Marie!... ma bien-aimée Marie!... (Elle la couvre de larmes et de baisers.) Adieu!... adieu!... pardonne-moi!... prie pour moi!... ma fille!... ma fille!... (On l'entraîne. Vitry et les gardes sortent avec elle. Quelques hommes du peuple s'empressent autour de Marie, que Henriot a reçue dans ses bras.)

HENRIOT. Ne sommes-nous pas cruels de la rappeler trop vite à la vie, de rouvrir trop tôt ces yeux que ne pourront plus sécher les baisers d'une mère?

SCÈNE VI.

HENRIOT, MARIE CONCINI, JACQUES, puis MARGOT.

JACQUES, rentrant. Rien, rien! Margot, ma chère Margot!... c'est donc fini!... je ne te reverrai plus!... jamais! jamais!...

MARGOT, au dehors. Jacques! Jacques!

JACQUES. Cette voix... mais c'est la sienne! Est-ce une illusion? est-ce un rêve?

MARGOT, de même. Jacques!

JACQUES. Non, non... c'est bien vrai... je l'entends... elle vit, elle m'appelle... Ah! mon Dieu!... mon Dieu!... (D'une voix étranglée par l'émotion.) Par ici... par ici!...

MARGOT, entrant. Jacques!... mon bon Jacques! (Ils se jettent dans les bras l'un de l'autre.) Une fois libre, j'ai couru te chercher dans tout le quartier. J'ai rencontré la mère Camusot qui m'a dit : « Tu le cherches ici, et lui te cherche là-bas. — Où ça, là-bas? — A l'hôtel d'Ancre. » Alors je me suis remise à courir si fort, si fort, que j'en suis toute essoufflée! Mais me voilà, mon Jacques, me voilà!

JACQUES. Mais à qui dois-tu donc la liberté, la vie?...

MARGOT, montrant Marie. A elle!

JACQUES. Ah! et je la menaçais, moi!... O pauvre enfant!... pauvre enfant!...

HENRIOT. Elle rouvre les yeux... (Marie regarde autour d'elle avec égarement et finit par arrêter ses yeux sur Margot. — Un sourire lui vient aux lèvres.)

MARIE, d'une voix faible. Ah!... ma mère!... (Elle retombe évanouie.)

MARGOT. Chère fille!... Si Dieu m'a donné les traits de ta mère, il me donnera aussi son cœur pour t'aimer!

ACTE CINQUIÈME

NEUVIÈME TABLEAU

LA NOCE DE MARGOT

Le milieu du pont Neuf. — A gauche, le terre-plein et la statue de Henri IV. — Au premier plan, à gauche, un escalier descendant du terre-plein à droite.—Aux premier et deuxième plans, à droite, l'entrée de la rue du Harlay. — Au quatrième plan, un arc de triomphe au milieu du pont. — Au delà, le pont et la rue de la Monnaie. — Au fond et en panorama, à gauche, le quai et le Louvre. — Des bourgeois, puis un peloton de garde bourgeoise viennent du fond. — Drapier est dans les rangs. — Barbet, armé de toutes pièces, arrive en courant, après, toutefois, que le peloton de garde bourgeoise s'est placé au pied de la statue. — Barbet est encore précédé d'un héraut d'armes venant du fond et que suit la foule.

SCÈNE PREMIÈRE.

UN HÉRAUT D'ARMES, DRAPIER, BARBET, BOURGEOIS.

LE HÉRAUT. Bourgeois de la bonne ville de Paris, pavoisez vos maisons. Le roi Louis XIII, pour appeler la bénédiction divine sur son règne, va se rendre en grand cortége à Notre-Dame. — Noël! Noël! pour le roi Louis XIII.

LA FOULE. Noël! Noël! Noël! (Le héraut s'éloigne par la rue du Harlay, toujours suivi de la foule.)

BARBET, accourant armé de sa hallebarde. Place... place!

DRAPIER. Eh! c'est le voisin Barbet... et cette fois il n'a pas oublié sa hallebarde.

BARBET. Nous sommes donc vainqueurs! Nous avons donc fait triompher la bonne cause, enfin!

DRAPIER. La preuve que nous avons été les plus forts, c'est que vous revoilà des nôtres.

BARBET. Ne suis-je pas toujours au premier rang?

DRAPIER. Oui... les jours de parade... ces jours-là, vous ne vous faites pas remplacer par votre apprenti.

BARBET. N'étais-je pas encore au feu avec vous?

DRAPIER. Au feu?...

BARBET. De la place de Grève... Quand on y brûla bel et bien la maréchale d'Ancre... comme sorcière.

DRAPIER. Ah! vilaine chose qu'on a faite là.

BARBET. Hein?...

DRAPIER. Je haïssais les Concini, quand je suis entré dans leur hôtel, ivre de sang et de poudre. J'aurais brûlé de mes mains cet hôtel maudit et tout ce qu'il renfermait. Mais quand j'ai vu la Florentine défendre contre nous sa fille comme aurait fait une lionne pour ses petits; quand je l'ai vue se traîner à genoux, demandant pitié, non pas pour elle, mais pour son enfant!... quand enfin Margot nous a été rendue saine et sauve, j'ai senti ma colère se fondre... j'ai oublié le mal que la Galigaï nous avait fait... et si j'avais été le roi... Enfin, ne parlons plus de ça... causons de choses plus drôles... parlons de vous, et de votre apprenti.

BARBET. Du petit Courtois?

DRAPIER. Vous l'avez toujours?

BARBET. Oui, oui... je lui ai ordonné de garder la maison et ma femme, qui a peur de la foule. Elle a peur de tout, ma femme... J'arrive à temps, n'est-ce pas?... Le roi n'est pas encore passé?

DRAPIER. Le canon nous annoncera sa sortie du Louvre... Vous n'étiez donc pas de la noce?

BARBET. De quelle noce?

DRAPIER. De celle de Jacques, qui, ce matin, a épousé Margot... Toute la halle était au mariage. Voilà un marié qui est heureux!

BARBET. Est-il vrai que Jacques a vendu sa maison des piliers et qu'il quitte Paris?

DRAPIER. Oui... Margot, sa femme, l'emmène dans son pays de Béarn... elle emmène aussi Henriot et puis...

BARBET. Et puis?...

DRAPIER. L'orpheline... vous savez bien.

BARBET. Ah! oui... la fille des Concini.

DRAPIER. Tenez, la voilà qui vient par ici... avec Henriot... Hein! qui est-ce qui reconnaîtrait sous cette pauvre robe de deuil celle qu'on croyait la plus riche héritière de France?

BARBET. N'allez-vous pas la plaindre?

DRAPIER. Taisez-vous... Respect à l'orpheline qui pleure! (Tout le monde se découvre et fait place à Marie, qui entre appuyée sur le bras de Henriot.)

SCÈNE II.

LES MÊMES, HENRIOT, MARIE.

HENRIOT. Encore un peu de courage, Marie.

MARIE. J'en aurai, monsieur Henriot, mais la force me manquera peut-être.

HENRIOT. Dans quelques instants nous aurons tous quitté cette ville, qui n'a pour nous, hélas! que de tristes souvenirs.

MARIE. Que je m'exile, moi, c'est tout naturel... Mais vous, Henriot?...

HENRIOT. Moi... je ne puis plus me séparer de vous... de Margot... de Jacques... N'êtes-vous pas tout ce que j'aime en ce monde?

UN BATELIER, paraissant au haut de l'escalier qui conduit à la rivière. Monsieur Henriot, le bateau est au bas du pont.

HENRIOT. Bien. Je vais vous y conduire, Marie. Je remonterai prendre Jacques et sa femme... (A part.) Et puis... je veux le voir encore une fois... lui... que je ne reverrai plus... (Il descend avec Marie l'escalier, et disparaît. — Au même instant le canon se fait entendre.)

DRAPIER. Oh! oh! le roi sort du Louvre.

BARBET. Et la noce sort de l'église. Je vous annonce M. et madame Bonhomme.

JACQUES, entrant joyeux et donnant le bras à Margot. — Ils sont suivis de dames et de forts de la halle en tenue de gala. Mariés... nous sommes mariés... Je ne peux pas encore y croire... il me semble que je rêve et que je vas m'éveiller.

MARGOT. Non, mon bon Jacques. Je suis bien votre femme, votre femme qui vous aimera comme vous méritez qu'on vous aime... Mais là-bas, dans nos montagnes, vous regretterez peut-être votre Paris.

JACQUES. Est-ce que je peux regretter quelque chose auprès de vous, Margot?... Oh! non, non... et, comme dit la chanson :

Si le roi m'avait donné
Paris, sa grande ville,
Et qu'il me fallût quitter
Le cœur de ma mie,
Je dirais au roi Henri :
Reprenez votre Paris,
J'aime mieux ma mie,
O gué,
J'aime mieux ma mie!

Partons, Margot, partons.

DRAPIER. Sans dire adieu à personne?...

JACQUES. Oh! non... Faut pas m'en vouloir, mes amis... pour elle, voyez-vous, j'oublie tout...

MARGOT. Adieu, mes amis... mes voisins... Là-bas, nous ne vous oublierons pas... Je me souviendrai de vous, mon parrain, toujours! (Acclamations. — Marche militaire.)

DRAPIER. Voilà le roi!

TOUS. Le roi!

BARBET. A nos rangs... Vite à nos rangs!

DRAPIER, à Margot. Restez au moins pour voir le cortége.

HENRIOT, reparaissant au haut de l'escalier. Oui, restons... mes amis... pour voir passer le fils du roi Henri. (Henriot est caché par Margot et Jacques; à eux trois ils forment un groupe au pied de la statue; sur les degrés du terre-plein, une foule de peuple vient se placer, et domine ainsi les rangs de la garde bourgeoise. Une autre foule de peuple et de gardes garnit le côté de la rue du Harlay. — Du fond, débouche le cortége : la musique des gardes suisses; les gardes suisses; la garde écossaise; la garde du roi; les seigneurs; les pages; Vitry; le roi; derrière le roi, un peloton de gardes. — A la vue du roi, les dames de la halle, qui s'étaient groupées au premier plan, à droite, crient : Noël! Noël! — Louis s'arrête devant la statue, qu'il salue, puis reçoit en souriant les bouquets que les dames de la halle lui présentent.)

HENRIOT, à part. Adieu, frère!... pour toi, l'éclat et la puissance... pour moi, l'obscurité...

MARGOT, bas, lui montrant Marie. Et le bonheur, peut-être! (Le roi se remet en marche, et Henriot commence à descendre les degrés de l'escalier. — Le canon tonne. — Les cloches sonnent à toute volée. — La musique militaire reprend sa marche interrompue. — Tableau.)

FIN.